INITIALEN

Kris Lehmann wurde 1985 in Hagen geboren. Er studierte in Karlsruhe und Mainz Germanistik, Geschichte, Buchwissenschaft und Philosophie. Mit der Masterarbeit *Modelle der Programmbildung. Ansätze zu einer organisationstheoretischen Fassung des Verlags* schloss er 2017 das Studium der Buchwissenschaft ab. Erste Praxiserfahrungen in Fachbuchverlagen konnte er bereits während des Studiums sammeln. Derzeit befindet er sich in der Vorbereitung eines Promotionsprojekts.

Kris Lehmann

Modelle der Programmbildung

Ansätze zur Organisationstheorie des Verlages

INITIALEN 36

© 2018 Mainzer Buchwissenschaft

Seit 2013 erscheinen in der Reihe *Initialen* herausragende Abschlussarbeiten der Mainzer Buchwissenschaft. Im *Verlagslabor* übernehmen Studierende des Bachelor-Studienganges *Buchwissenschaft* der Johannes Gutenberg-Universität Mainz die vielfältigen Aufgaben von Lektorat, Herstellung und Marketing.

http://www.initialen.wordpress.com

Band 36: Modelle der Programmbildung

Gesetzt aus Minion Pro und Myriad Pro
in der Lehrdruckerei der Mainzer Buchwissenschaft
von Elisabeth Buchholz & Milena Schwartz

Lektorat: Patricia Klug & Julia Sophie Roth

Marketing: Vivien Backof, Alexandra Heuwerth,
Cara Küpper & Janine Müller

Druck & Bindung: Books on Demand (BoD), Norderstedt

ISBN 978-3-945883-66-2

Auch als PDF (ISBN 978-3-945883-68-6)
und EPUB (ISBN 978-3-945883-67-9) erhältlich.

INHALT

VORWORT

Schon seit geraumer Zeit wird darüber räsoniert, inwieweit die doch etwas sperrige Systemtheorie der Buchwissenschaft Mittel an die Hand geben kann, mit deren Hilfe einige von deren Forschungsproblemen produktiv angegangen werden können. Kris Lehmann zeigt mit dieser Arbeit eindrucksvoll, dass das sehr wohl der Fall ist. Er analysiert dazu einen wichtigen Ausschnitt des verlegerischen Tuns, die Gestaltung des Programmes nämlich, und leistet – unter Überschreitung der Grenze zwischen Geistes- und Sozialwissenschaften – damit gleich noch einen höchst spannenden Brückenschlag zum betriebswirtschaftlichen Arbeitsgebiet des Strategischen Managements.

Der entscheidende Schritt der Argumentation dieser Arbeit ist, dass in einer vortheoretischen Betrachtung das Programm eines Verlages zwar plausibel als das Ergebnis einer Folge von (individuellen) Entscheidungen erscheint, das in der hier gewählten Perspektive aber genau nicht so gesehen wird – Kern der systemtheoretischen Analyse durch Kris Lehmann ist vielmehr Folgendes: »Entscheidungen können [...] in ihrer systemkonstituierenden Rolle nicht durch individuelles Handeln eines Entscheidungsträgers entstehen, sondern nur emergent in der sozialen Zuschreibung als solche« (S. 35). Das Programm eines Verlages ist damit etwas, was »[...] heterarchisch durch den emergenten Strukturaufbau im Systemgedächtnis [entsteht] und [...] je nach zugeschriebenem Erfolg/Misserfolg seiner Aktualisierungen in den Beobachtungen des Systems um- und neu aufgebaut [wird]« (S. 46).

Die erwähnte Verbindung zum Strategischen Management wird hergestellt über den – jüngst gelegentlich auch im Umfeld von Büchern aufgerufenen – Begriff der Pfadabhängigkeit, einer wirtschaftswissenschaftlichen

Beschreibungskategorie, mit der die anhaltenden Wirkungen zurückliegender Ereignisse, Entscheidungen, etc. gefasst werden. Systemtheoretisch kann diese Pfadabhängigkeit als ein Aspekt »der organisationalen Risikominderung und begrenzter Informationsverarbeitungskapazität angesichts der hohen Komplexitätshürden, die mit Umweltbeobachtung, Systemgedächtnis und Innovation assoziiert sind« (S. 54), analysiert werden. Die Pfadabhängigkeit eines Programmes – jetzt im Diskurs der Wirtschaftswissenschaften – wird dabei sehr prägnant durch Beobachtungen wie diese konstituiert: »Als entscheidbare Entscheidungsprämisse wird Personal um Programmschwerpunkte aufgebaut und beeinflusst dadurch die weitere Verfestigung dieser Schwerpunkte« (S. 56 f.). Dass in dieser Analyse mit Kris Lehmann Programm-Entscheidungen strukturgebunden sind und mit sozialen Erwartungen und den durch die kognitiven Routinen vorgegebenen Prozesse der Organisation in Verbindung stehen, »ohne von [...] ›Entscheidern‹ [...] vollumfänglich getroffen zu werden« (S. 78 f.), hat das auf der Basis der zur Pfadabhängigkeit hergestellten Beziehung doch recht steile Korrelat, dass dem Strategischen Management lediglich die Funktion als Narrativ der Legitimation, eines im Nachhinein konstruierten ›Sensemaking‹, zukommt. Dem wird sicher nicht jeder zustimmen können. Zurücktransferiert in die Betrachtung von Verlagen und deren Programmentscheidungen (»Auch Verlage beurteilen nach derartigen Kriterien und werden nach ihnen beurteilt« (S. 77)) heißt das: »Die Verbindung zwischen der Organisation und ihrer Operation soll einer nachvollziehbaren Rationalität entsprechen, aus der – unter anderem – ein nach dem gewählten Bezugshorizont ›sinnvolles‹ Programm aus den Entscheidungen des Verlages entsteht.« (S. 77).

Wenn man etwas ›auszoomt‹ auf Führungshandeln allgemein, lässt sich die wesentlich abweichende Auffassung der Systemtheorie folgendermaßen fassen: »Die Systemtheorie betrachtet Steuerung oder Führung nicht als obsolet, sie verschiebt jedoch die Perspektive von einem direkten Durchgriff eines Individuums auf einen wie auch immer kalkulierbaren Mechanismus [...] zu einem heterarchischen und emergenten Prozess, dessen Ergebnis auf den komplexen Zuständen eines sozialen Systems beruht.« (S. 60). Damit kann man sagen, dass wahrscheinlich das Programm eines Verlages zwar nicht einfach als soziales Konstrukt beschrieben werden kann, die positivistische Auffassung eines solchen Programmes als das Ergebnis konsistenter rationaler Entscheidungen damit betrauter Personen und Gremien über die Zeit aber der Komplexität auch nicht hinreichend gerecht wird.

Man darf gespannt sein, inwieweit die schlüssigen Ergebnisse von Kris Lehmann andere Forscher dazu ermutigen, auf dem hier angeschlagenen Niveau die Systemtheorie zur Fassung weiterer essentieller Bestimmungsgrößen der verlegerischen Tätigkeit – und möglicherweise mehr – heran zu ziehen.

Christoph Bläsi
im Januar 2018

1 EINLEITUNG

1.1 Der systemtheoretische Organisationsbegriff in der Buchwissenschaft

Der Begriff der Organisation weist in erster Annäherung drei Bedeutungsebenen auf, die für die folgende Diskussion eines theoretischen Modells der Organisation eine einleitende Bestimmung des relevanten Bedeutungshorizonts erlauben. Als Bezeichnung eines aktiv-ordnenden Prozesses enthält Organisation die Konnotation eines zeitlichen Übergangs von einem unbestimmten – bzw. ungeordneten – Ausgangszustand hin zu einem geordneten, nach spezifischen Kriterien komplexitätsreduzierten Endzustand. Die zweite Ebene des Begriffes bezieht sich auf ein, seiner Funktion nach jenen Komplexitätsparametern folgendes, Kollektiv. Hier ist Organisation also ein in den Mustern sozialer Interaktion strukturierter Funktionszusammenhang mehrerer Individuen, die selbst- oder fremdverordnet nach mehr oder minder festgelegten Vorgaben interagieren. Die letzte Bedeutungsebene korreliert in ihrem Sinnaufruf in besonderem Maße mit den vorangegangenen, veranschaulicht jedoch in ihrer wertenden Dimension das Verhältnis zwischen der prozessualen Zuschreibung der ersten und der sachlich-sozialen Zuschreibung der zweiten Ebene. Als Gegenbegriff zu Chaos ist Organisation eine Zustandsqualifikation der ›Entropie‹, welche es erlaubt zeitliche oder sachliche Unterscheidungen, wie sie den ersten beiden Denotationen von Organisation zugrunde liegen, zu unterscheiden.

Die in den sozial- oder wirtschaftswissenschaftlichen Beschreibungen der Organisation gebräuchlichen Ansätze lassen sich, lose an den ersten beiden Bedeutungsebenen orientiert, in Konzepte der Organisation als instrumentelle oder institutionelle Struktur trennen. Instrumentelle Auffassungen der Organisation betrachten diese als strukturelle Regelung und Führungsinstrument einer Institution, angelehnt an die obig beschriebene erste Bedeutungsebene des Begriffes.[1] In der Regel werden im instrumentellen Verständnis der Organisation präskriptive Funktionsparameter einer ›Best Practice‹ formuliert oder zumindest die Möglichkeit einer Erreichung solcher durch eine Optimierungslogik in der Praxis unterstellt. Institutionelle Ansätze folgen einer integrierten Perspektive auf das gesamte formell oder informell deklarierte ›Organisationssystem‹ im Sinne der zweiten Bedeutungsebene des Begriffes als kollektiver, mithin sozial determinierter Struktur. Dies bringt neben der formalen und planmäßigen ›Verordnung‹ einer Organisation gleichsam die emergenten, kontingenten und mitunter auch dysfunktionalen Prozesse und Phänomene der Organisation in das Blickfeld der Analyse.[2] In der neueren Soziologie und auch in der Theorie sozialer Systeme wird für gewöhnlich die Bedeutungsebene der kollektiven Struktur in den Vordergrund gerückt, da die offensichtliche soziale Wirkmacht der Organisation als Grundmuster moderner, ausdifferenzierter Gesellschaften dem Erkenntnisinteresse deskriptiver Wissenschaften vor dem Hintergrund einer sich dynamisch verändernden Umwelt entspricht. Trotz der bisher weitestgehend desiderat verbliebenen Konzeption des Verlages im Rahmen einer Organisationstheorie erstreckt sich dies implizit auch auf weite Teile der Buchwissenschaft, insbesondere Verlagshistoriographie und Buchgeschichte, da die in der (kollektiven) Organisation abgebildeten reziprok bedingten technischen, wirtschaftlichen und sozialen Faktoren der Leistungserbringung von Verlagen für die Entwicklung des in jeder Hinsicht als stark sozial überformt angenommenen Mediums Buch konstitutiv waren und sind.[3]

Das Fehlen allgemein akzeptierter Modelle des Verlages als Organisation in der Buchwissenschaft mag in großen Teilen auf die in der Fachtradition verankerten hermeneutischen oder historisch-heuristischen Methoden – und die damit einhergehende höhere Gewichtung von Subjektpers-

---

1   Vgl. Schreyögg, Georg/Geiger, Daniel: Organisation. Grundlagen moderner Organisationsgestaltung. Mit Fallstudien. 6. Aufl. Wiesbaden: Springer–Gabler 2016, S. 4–11.

2   Vgl. Holtmann, Jan Philip: Pfadabhängigkeit strategischer Entscheidungen. Eine Fallstudie am Beispiel des Bertelsmann Buchclubs Deutschland. Köln: Kölner Wissenschaftsverlag 2008, S. 11–13.

3   Der in der Buchwissenschaft verbreitete Ausdruck von der sozialen Überformung des Mediums – im Sinne einer Wert- und Normenübertragung in den sozialen Praktiken des Mediengebrauchs und der Medienerstellung – erhält in der Luhmannschen Theorie den Charakter einer Tautologie, da Medien einerseits per definitionem zur Reduktion von Komplexität und damit zur Annahme von spezifischen kommunikativen Kontexten führen, andererseits die Emergenz sozialer Strukturen aus dem System respektive der Kommunikation keiner ›Übertragung‹ solcher Normen zwischen psychischen Systemen bedarf (Vgl. Kap. 2.1).

pektiven – zurückzuführen sein. Jedoch ist nach Ulrich Saxer auch eine Tendenz des Faches zu »ideologische[r] Fixierung auf das ›Kulturgut Buch‹«[4] festzustellen, welche unter Umständen zu einer dichotomischen Auftrennung des Gegenstands führen kann. Dem Kreis der wirtschaftlichen oder sozialen (Verteilungs-)Mechanismen zugeordnete Aspekte der Organisation ›Verlag‹ werden dabei oftmals als außerhalb des disziplinären Horizontes liegend wahrgenommen – oder zumindest unter breite Mantelbegriffe wie jener der ›Kultur‹ subsumiert. In Anlehnung an Heinz Bonfadelli fordert Saxer daher eine umfangreichere Beschäftigung mit der Gesellschaft als »äußere Determinante des [...] Buchsystems«[5], zumal gesellschaftliche Kontexte stets Grundlage des Phänomenbereiches der in der Gesellschaft gebräuchlichen Medien sind und implizit oder explizit Prämissen für deren wissenschaftliche Analyse bilden.

Sowohl Bonfadelli als auch Saxer attestieren der Buchwissenschaft einen ausgedehnten Theoriepluralismus, der dazu tendiere, für bestimmte, isolierte Fragestellungen passend erscheinende Theorien und Methoden aus angrenzenden Disziplinen zu inkorporieren. Dabei werden diese theoretischen Versatzstücke jedoch nur selten zu übertragbaren, übergreifenden Modellen ausgebaut und verbleiben für das Fach, außerhalb ihres ursprünglichen Anwendungsgebiets – oder auch nur des spezifischen, ursprünglichen Anwendungsfalls – von geringer Bedeutung.[6] Dies lässt sich insbesondere für Fragestellungen aus dem Umkreis der gesellschaftlichen Einbettung des Buches beobachten, obwohl gerade in der Soziologie eine große Bandbreite an wissenschaftlichen Modellen hoher Flexibilität vorliegt. Lediglich die Habitus-Feldtheorie Pierre Bourdieus, die aufgrund ihrer kulturwissenschaftlichen Grunddisposition und Semantik ihren Weg in die Buchwissenschaft gefunden hat, stellt hier eine Ausnahme dar. Bourdieus handlungstheoretischer Ansatz ermöglicht es, die angesprochene Überformung des Buchmarktes durch soziale Normierungen abzubilden. Auf die Strukturen der gesellschaftlichen »Mesoebene«[7] angewendet, denen

---

4   Saxer, Ulrich: Buchwissenschaft als Medienwissenschaft. In: Buchwissenschaft in Deutschland. Ein Handbuch. Hrsg. von Ursula Rautenberg. Berlin: De Gruyter 2013, S. 73.

5   Ebd., S. 83.

6   Vgl. ebd., S. 86 f.

7   Bonfadelli schlägt drei Analysebereiche des sozialen Einflusses auf das Buch vor, die sich an der auf Max Weber zurückgehenden und in der Soziologie etablierten Einteilung in Mikro-, Meso- und Makroebene der Gesellschaft orientieren. Die Interaktionssituation bildet die soziale Mikroebene, politische oder öffentliche Prozesse großer Reichweite hingegen die Makroebene. Formelle Organisationen wie Verlage nehmen als Mesoebene eine vermittelnde Rolle zwischen der Gesamtgesell-

die Organisation zuzurechnen ist, zeigt Bourdieus Konzept allerdings deutliche Lücken, da dessen primärer Fokus auf handlungsleitenden Effekten individuell erfahrener, gesellschaftlicher Normen liegt und Bourdieu die Organisation bis auf wenige Ausnahmen dezidiert ausklammert.[8]

Dass die Buchwissenschaft oftmals Trennlinien zwischen dem ›Kulturträger‹ Buch und dessen wirtschaftslogischem Entstehungsprozess zieht, hat sich auch in der Verlagsgeschichtsschreibung niedergeschlagen. Außerhalb rein hermeneutischer Quellenexegese wurden Verlage als Sonderfall innerhalb einer wirtschaftshistorischen Unternehmensgeschichtsschreibung aufgefasst, und damit analog zu den neoklassischen, instrumentellen Modellen der Wirtschaftswissenschaften als konzentrische, um eine hierarchische Steuerung angelegte Struktur beschrieben.[9] Solche Konzepte »heroischer Führung«[10] positionierten den Verleger und dessen »öffentliche Funktion« im Zentrum eines dazu benötigten »ökonomisch ausgerichteten Unternehmens«, dessen Aufgabe sich auf die subalterne und umfänglich weisungsgebundene Leistungserbringung zu beschränken scheint, wie beispielsweise bei Siegfried Unseld zu lesen ist.[11] Analog zum Aufkommen heterarchischer Modelle in der Management- und Unternehmensforschung, welche den distribuierten, ›ausgehandelten‹ Charakter von Unternehmensorganisation in einer sozial konditionierten Umwelt stärker in den Blick nahmen, wurden auch für buchwissenschaftliche Zwecke Ansätze gesucht, die die historisch überholt erscheinende Dichotomie vom kulturschaffenden Entscheidungsträger – ob einzelner Kulturverleger oder die, zwar als Kollektiv angelegten aber dennoch zentral entscheidenden, Lektorate – und der leistungserbringenden Peripherie in der ›Restorganisation‹ aufzuheben. Dass eine in den

<hr>

schaft und der Interaktionsebene ein. Vgl. Bonfadelli, Heinz: Buch, Buchlesen und Buchwissenschaft aus publizistikwissenschaftlicher Perspektive. In: Buchwissenschaft – Medienwissenschaft. Ein Symposium. Hrsg. von Dietrich Kerlen. Wiesbaden: Harrassowitz 2004, S. 94.

8   Vgl. Dederichs, Andrea Maria/Felder, Michael Florian: Organisationen und Akteure. Eine organisationssoziologische Skizze. In: Bourdieus Theorie der Praxis. Erklärungskraft – Anwendung – Perspektiven. Hrsg. von Jörg Ebrecht u. Frank Hillebrandt. Wiesbaden: VS Verlag 2002, S. 69 f.

9   Vgl. Kuhn, Axel: Überlegungen zu einer systemtheoretischen Perspektive des Kulturbegriffs in der Verlagshistoriographie. In: Verlagsgeschichtsschreibung. Modelle und Archivfunde. Hrsg. von Ute Schneider und Corinna Norrick. Wiesbaden: Harrassowitz 2012, S. 113 f.

10   Die Bezeichnung »heroische Führung« wurde in den amerikanischen Wirtschaftswissenschaften aus der Perspektive der als ihr Gegenstück gedachten »postheroischen Führung«, die sich dem heterarchischen und umweltbedingten Charakter eines Unternehmens widmete, geprägt und in die deutsche Wirtschaftssoziologie hauptsächlich von Dirk Baecker eingeführt. Vgl. Baecker, Dirk: Postheroische Führung. Vom Rechnen mit Komplexität. Wiesbaden: Springer Fachmedien 2015.

11   Unseld, Siegfried: Der Autor und sein Verleger. Frankfurt a. M.: Suhrkamp 1985, S. 14–16.

Entscheidungen der Organisation verankerte ›Kulturfunktion‹ von den wirtschaftlichen Prämissen derselben nicht hinreichend anhand reiner Stellenzuschreibungen auf einzelne Personen abzutrennen sei, sondern eine »Kulturtheorie« des Buchverlages immer auch eine »Geldtheorie« darstellen müsse, stellte Georg Jäger in seinem programmatischen Aufsatz von 1994 bereits im Titel des Textes fest.[12]

Modelle der soziologischen Systemtheorie, wie sie Georg Jäger seinem Konzept einer Medienkonversion zugrunde legte, untersuchen die gesamtgesellschaftliche Ordnung als eine Summe interagierender Elemente. Sie analysieren soziale Gebilde und Prozesse und bilden diese als Systeme – als Mengen sich von ihrer Umwelt abgrenzender Elemente – ab. Insbesondere die auch in vielen benachbarten Fächern rezipierte Systemtheorie Niklas Luhmanns, der als Hauptvertreter der Systemtheorie im deutschsprachigen Raum gilt, wird in buchwissenschaftlichen Diskussionen zur theoretischen Untermauerung des Verlages als Organisation immer wieder erwähnt. Jägers Ansatz fand durchaus Anerkennung in der buchwissenschaftlichen Theoriediskussion, jedoch bis heute nur eingeschränkte Verbreitung außerhalb des Schülerkreises Jägers.[13] Das hohe theoretische Auflösungsvermögen systemtheoretischer Modelle in Verbindung mit der abstrakten Theoriesprache Luhmanns lässt den Umgang mit der Systemtheorie als einen »Flug über den Wolken«[14] erscheinen, der von praktischen Erkenntnisgewinnen weit entfernt ist. Vorliegende, von Jägers Schülern verfasste Veröffentlichungen fügen klassisch-empirisch aufgebauten Arbeiten lediglich einen (system-)theoretischen Exkurs hinzu und befassen sich darüber hinaus zumeist nicht spezifisch mit der Organisation ›Verlag‹, sondern legen ihren Fokus vorrangig auf den gesamten Buchmarkt bzw. dessen Teilmärkte als systemisch-emergente Phänomene.[15]

2007 veröffentlichte Thomas Keiderling einen Aufsatz unter dem Titel *Wie viel Systemtheorie braucht die Buchwissenschaft?*, in dem er die Anwen-

---

12 Vgl. Jäger, Georg: Keine Kulturtheorie ohne Geldtheorie. Grundlegung einer Theorie des Buchverlags. In: IASLonline. URL: http://www.iasl.uni-muenchen.de/discuss/lisforen/jaeger_buchverlag.pdf [16.04.2017].

13 Vgl. Kuhn: Überlegungen zu einer systemtheoretischen Perspektive des Kulturbegriffs in der Verlagshistoriographie. Sowie Keiderling, Thomas: Wie viel Systemtheorie braucht die Buchwissenschaft? In: IASLonline. URL: http://www.iasl.uni-muenchen.de/discuss/lisforen/Keiderling_Systemtheorie.pdf [20.05.2017].

14 Willke, Helmut: Komplexität als Formprinzip. In: Schlüsselwerke der Systemtheorie. Hrsg. von Dirk Baecker. Wiesbaden: Verlag für Sozialwissenschaften 2005, S. 322.

15 Vgl. Keiderling: Wie viel Systemtheorie braucht die Buchwissenschaft? S. 15 f.

dungsprobleme systemtheoretischer Modelle auf buchwissenschaftliche Themen identifizierte und die Systemtheorie im Prinzip als eine geeignete, aber
in bis dato erschienenen Formen für allzu abstrakte und wenig erkenntnis-
leitende Theorie charakterisierte. 2012 erstellte Jäger in einem in Zusammen-
arbeit mit Claus-Michael Ort entstandenen Beitrag eine Auflistung expliziter
Fragestellungen für die Anwendung seines Modells in buchwissenschaftlichen Arbeiten – ein Versuch, die Praktikabilität der Theorie zu demonstrieren. Im gleichen Jahr erschien mit dem Aufsatz *Überlegungen zu einer
systemtheoretischen Perspektive des Kulturbegriffs in der Verlagshistoriographie* von Axel Kuhn eine neue Variation systemtheoretischer Anwendung zu
buchwissenschaftlichen Fragen, die dem ursprünglichen Konzept Jägers, in
welchem Bausteine zweier zentraler Architekturen soziologischer Systemtheorien von Talcott Parsons respektive Niklas Luhmann rekombiniert werden, einen ausschließlich auf Luhmanns Theorie zurückgreifenden Modell-
vorschlag entgegenstellt.

Die vorliegende Arbeit will versuchen, einen ebenso auf die Luhmann-
sche Systemtheorie begrenzten Ansatz für ein Modell des Buchverlages zu
skizzieren, um den offensichtlichen Problemen, denen sich der Theorie-
eklektizismus des Münchner Modells ausgesetzt sieht, zu entgehen.[16] Es
erscheint von größerer Bedeutung die Integrierbarkeit buchwissenschaftlicher Ergebnisse in angrenzende Disziplinen, in denen ebenfalls diese Vari-
ante der Systemtheorie häufiger Verwendung findet, zu erhalten als die für
zu sperrig empfundenen Theorieanteile Luhmanns auszublenden, um ein
vermeintlich anwendungsfreundlicheres Modell zu erzeugen. Daher soll
eine knappe Darstellung der epistemologischen Grundprinzipien und -me-
chaniken der Systemtheorie geliefert werden, wie sie von Luhmann angelegt wurden, um ein Beispiel für das Leistungs- und Abstraktionsvermögen

---

16   Georg Jäger orientiert sich in seiner Theorieanlage an einer Vielzahl von Ansätzen aus unterschied-
      lichen Quellen, neben Parsons und Luhmann auch an semiotischen oder medientheoretischen
      Konzepten, wodurch einige bis dato ungeklärte basistheoretische Konflikte entstehen. Parsons
      handlungstheoretisches Gesellschaftsmodell etwa basiert auf der Annahme, dass Handlungen vor
      einer Hintergrundstruktur motivationaler und kognitiver Bedingungen von Selektionen stattfinden,
      die in einer Abfolge offener Systeme verschiedener Ebenen der Gesellschaft entstehen. Luhmanns
      Organisation hingegen ist ein autopoietisches Sinnsystem, das sich operativ geschlossen aus
      seinem eigenen Entscheidungsprozess reproduziert. Die Gesellschaft stellt dabei die Gesamtheit
      der Kommunikation und ihre Funktionssysteme, Einheiten zur Komplexitätsreduzierung und damit
      Kontingenzreduzierung dar. Zwar entwickelt auch Luhmann einen Handlungsbegriff, dieser kann
      aber wegen der Unterschiede in den theoretischen Ansätzen, kaum als frei konvertierbar in Parsons
      Begriff gelten, denn Luhmann sieht die soziale Handlung als durch Beobachter zugeschriebene
      Teilmenge der Kommunikation und immer nur in deren Kontext vorkommend.

eines solchen grundlegenden und umfassenden theoretisch-methodischen Ansatzes und dessen Anwendungsmöglichkeiten in der Buchwissenschaft zu geben (s. Kap. 2).

1.2 Eine allgemeine Systemtheorie in der Buchwissenschaft

Die Frage, inwiefern die Theorie sozialer Systeme mit den fachlichen Zielstellungen der Buchwissenschaft vereinbar ist – bzw. ihre Anwendung auf einzelne Bereiche des Begriffsfeldes der Disziplin sinnvoll – ist die Frage nach den Möglichkeiten die Hochabstraktion der Buchwissenschaft, einem traditionell zumeist der empirischen oder doch zumindest der hermeneutischen Methodik verbundenen Faches, bietet.

Die Wortherkunft des Begriffs ›Theorie‹ vom griechischen ›theoria‹, der Fernschau oder dem ›theoros‹, dem Beobachter sakraler Zeremonien, dessen Aufgabe in der Erfassung der Gesamtheit und der Trennung des Akzidentiellen vom Substanziellen lag, deutet an, dass Abstraktion – mithin das Beschreiben einer Gesamtheit unter Auslassung des Unbedeutenden – mit zum Kern theoretischer Leistungen gehört. Theorien werden klassischerweise in den meisten medien- und sozialwissenschaftlichen Disziplinen als Programme mittlerer Reichweite angesehen, deren Hauptaufgaben in der Anleitung ihrer Umweltbeobachtungen und Ordnungserzeugung für ihre Ergebnisse bestehen. Die meisten Fächer stellen dabei keine epistemologischen Anforderungen an ihre Theorien oder daraus entnommenen Modelle. Vielmehr werden diese, wenn überhaupt beachtet, der Philosophie überlassen. Das entgegen diesen üblichen Anforderungen an Theorien bestehende Leistungsvermögen der als ›Supertheorie‹ breit angelegten Systemtheorie beschreibt der Luhmann-Schüler Peter Fuchs:

[Die Systemtheorie] ist gescheit im hergebrachten Wortsinn des ›Scheidens‹, des ›Unterscheidens‹. Sie liefert auf ihre spezielle Weise labyrinthisch vernetzte Unterscheidungen, die für Bezeichnungszwecke eingesetzt werden können. Oder anders: Sie ist ein mit hoher Komplexität angereichertes Beobachtungsinstrument, mit dem sich die Felder, die jemand beobachten möchte, ›aufmischen‹ und verwirbeln lassen im Rahmen einer Üppigkeit an Unterscheidungsfinessen, die es sogar gestatten, den Beobachter noch mit zu beobachten.[17]

---

17 Fuchs, Peter: Soziale Systeme, Systemtheorie. Was leisten Hochabstraktionen? In: Soziologische Basics. Hrsg. von Albert Scherr. Wiesbaden: Springer 2016, S. 260. DOI: 10.1007/978-3-658-11928-7_28 [03.05.2017].

Der offensichtlichste Vorteil, den eine Verwendung der Systemtheorie für buchwissenschaftliche Analyse bietet, liegt in Luhmanns konsistenter Anlage einer sämtliche im Sozialen eingebetteten Vorgänge umfassenden Theoriesprache. Sie ermöglicht eine Neuperspektivierung etablierter Begriffe, indem sie eine »inkongruente Perspektive [...], zentriert um die Differenz des Systems«[18] liefert. Für vorwiegend hermeneutische Fachtraditionen, wie jene der Buchwissenschaft, bedeutet dies sich von den unscharfen ›subjektiven‹ Bestimmungen zentraler Kategorien lösen zu können, und schärfer definierte Begriffe für Grenzfälle bereitzuhalten. Axel Kuhns Aufsatz zum Kulturbegriff aus systemtheoretischer Sicht zeigt zwar die Möglichkeit solch einer Neuverordnung von Kernbegriffen, aber auch, dass fünf Jahre nach der Veröffentlichung des Textes dieser wenig Anklang in der Buchwissenschaft gefunden hat.[19]

Im Hinblick auf die erläuterte Leerstelle einer buchwissenschaftlichen Perspektive auf die in wirtschaftlichen Kontexten agierende Organisation ›Verlag‹, eröffnet ein systemtheoretisches Organisationsmodell die Möglichkeit einer Integration wirtschaftswissenschaftlicher oder wirtschaftssoziologischer Ansätze. Ausgerichtet an Kernbegriffen der wissenschaftlichen Analyse von Unternehmen – wie ›Kausalität‹ oder ›Rationalität‹, die etwa in der Tradition der ›Theory of the Firm‹ innerhalb der Managementforschung Prominenz erlangt haben, stehen dabei Fragen nach den Möglichkeiten einer Umweltbeobachtung, den jeweiligen eigenen Ressourcen des Unternehmens und der internen Ausrichtung des Unternehmens (Adaption) nach diesen im Mittelpunkt. Luhmanns Theorie – und ihre Weiterentwicklungen etwa durch Dirk Baecker – übersetzt die klassischen Kategorien der Unternehmensanalyse in soziale, kommunikative und kontingente Komplexitätsprobleme und bietet eine synthetische ›Hintergrundfolie‹, um ein höheres analytisches Auflösungsvermögen zu erreichen.[20]

In Verbindung mit ihrer epistemologischen Beobachterperspektive, die sowohl Rationalität als auch Kausalität in sozialen Bezügen nicht in ei-

---

18   Fuchs: Soziale Systeme, Systemtheorie. Was leisten Hochabstraktionen?, S.260.

19   Neben der relativ knappen Anlage des Textes und der damit verbundenen Reduktion der Darstellung mag auch die zu kurz gegriffene Auffassung der Kultur als reines ›Systemgedächtnis‹ zur geringen Beachtung des Aufsatzes beigetragen haben. Die Identifikation von Kultur als Systemgedächtnis ist an sich korrekt, lässt aber eine Erläuterung ihres Beitrages zur Systemidentität, in der Wiederaufnahme von Kultur als Thema in die Kommunikation vermissen, womit eine Konsolidierung mit herkömmlicheren Kulturbegriffen wesentlich näherliegend erscheinen würde.

20   Vgl. Baecker, Dirk: Wirtschaftssoziologie (Einsichten. Themen der Soziologie). Bielefeld: transcript 2006, S.38–40.

nem ontologischen Identitätsschema konzipiert, sondern als beobachtungs-
abhängige Zuschreibungen behandelt, die erst durch ihre Wiederaufnahme
in weitere soziale Kommunikation Relevanz erhalten, ermöglicht die Systemtheorie Luhmanns für die Analyse der Wirtschaftsorganisation ›Verlag‹
eine deskriptive Position nach den Maßgaben präskriptiver Modelle. Insbesondere die unter Praktikern weit verbreiteten wirtschaftswissenschaftlichen
Modelle der Managementforschung formulieren in der Regel eine idealisier-
te Best Practice-Handlungsanleitung – oder zumindest Relevanzselektion innerhalb einer als Adaptionsproblem charakterisierten Umweltrelation – aufgrund jeweils modellspezifischer Eigenschaften der Organisation sowie ihrer
Situation in ihrem Verhältnis zu relevanten Umwelten.[21] Die Systemtheorie
bietet ausreichend abstrakte Kategorisierungen von Unternehmensentscheidungen respektive Entscheidungsprämissen, um solche präskriptiven Modelle, die für die ökonomische Lenkung eines Verlages als Wirtschaftsunter-
nehmen in der Praxis Anwendung finden, integrativ aufzunehmen und, wie
in dieser Arbeit (insb. Kap. 3.2) zu zeigen sein wird, diese für eine deskriptive, funktionale Analyse der Organisation Verlag zugänglich zu machen.[22]

1.3 Verlagsprogramm als Leitbegriff eines systemtheoretischen Ansatzes

Angesichts des beträchtlichen Umfanges der Theorie allgemeiner Systeme
und den potentiellen Anwendungsfällen auf verschiedenste Gesichtspunk-
te des Verlages erscheint es notwendig, sich für eine Demonstration der Eig-
nung eines ›Dachkonzepts Systemtheorie‹ auf einen Aspekt des Systems Verlag zu beschränken. Das Verlagsprogramm, sowohl besonders sichtbarer
Signifikant der organisatorischen Entscheidung – der bei Luhmann kennzeichnenden und essentiellen Operation der Organisation – als auch eine
etablierte Größe in der Buchwissenschaft, dient dieser Arbeit als solch ein
Schnittpunkt. Orientiert am Verlagsprogramm – bzw. den Bildungsprozes-
sen, die zu seiner spezifischen sozialen Konstruktion als Resultat des inneren Aufbaus der Organisation, der organisatorischen Steuerung sowie der

---

21 Zur engen Verbindung zwischen der am weitesten verbreiteten Spielart der modernen Führungs-
    und Steuerungsforschung in den Wirtschaftswissenschaften, dem ›Strategischen Management‹
    und der praktischen Anwendung des Modells in der Unternehmenspraxis vgl. Hungenberg, Harald:
    Strategisches Management in Unternehmen. Ziele – Prozesse – Verfahren. 8. Aufl. Wiesbaden:
    Gabler 2014, S. 64–68.

22 Vgl. Vos, Jan-Peter: Strategic Management from a Systems-Theoretical Perspective. In: Niklas
    Luhmann and Organization Studies (Advances in Organization Studies 14). Hrsg. von David Seidl
    und Kai Helge Becker. Kopenhagen: Liber & Copenhagen Business School Press 2005, S. 374.

kollektiven (externen) Kommunikation des Verlages mit seiner Umwelt führen – lassen sich drei konventionelle Felder der Organisationsforschung unter einem gemeinsamen Leitbegriff untersuchen.

Zur Erschließung des Sinngehalts des Begriffes ›Programm‹ in einem differenztheoretischen Rahmen soll in Kapitel 2.1 auf Luhmanns Konzepte von Sinn und Unterscheidung eingegangen werden. An dieser Stelle soll nur einleitend erwähnt werden, dass eine lexikalische Bedeutung – wie sie für das Verlagsprogramm etwa in *Reclams Sachlexikon des Buches* festgelegt wird, als »Bandbreite dessen, was Verlage veröffentlichen«[23] – ohne weitere Bestimmung eine ontologische Metaperspektive verbleibt, die für eine genauere Analyse im systemtheoretischen Sinne ungenügend erscheint. Der rein ontologisch-lexikalische Programmbegriff besitzt wenig Aussagekraft darüber, worauf in sozialer Kommunikation verwiesen wird und damit auch, woran in kommunikativ konstituierten Sinnsystemen angeschlossen wird; dass tatsächlich alle Veröffentlichungen eines gegebenen Verlages in ihrer Gänze bekannt sein müssen, kann als ausgeschlossen gelten. ›Verlagsprogramm‹ kann als Sinnverweis so stets nur als das für das jeweilig referierende System Beobachtbare und Relevante stehen, was mit einem Blick auf die im Lemma des Sachlexikons angeführten weiteren Funktionen des Programmes einen detaillierteren Zugriff auf das Programm notwendig macht, der über eine generelle Ahnung eines ephemeren ›Charakters‹ des Verlagsprogrammes hinausgeht. Ein ›Verlagsprogramm als Menge‹ blendet darüber hinaus die für Luhmann neben der sachlichen Sinnebene (jene Gesamtheit der Veröffentlichungen) bestehenden Verweisungsebenen des zeitlichen Sinnes (Programm als konstruierte ›Vergangenheit und Zukunft‹ eines Organisationssystems) und des sozialen Sinnes (Programm als Anteil einer Systemidentität) aus.

Die vorliegende Arbeit setzt es sich zum Ziel, eine der Möglichkeiten für solch einen Ansatz in Gestalt der soziologischen Theorie geschlossener sozialer Systeme auf eine organisationstheoretische Form des Verlags als Unternehmen anzuwenden. Dabei soll sowohl das theoretische Grundgerüst dargestellt, welches Verlag und Programm in einem wirtschaftlich-gesellschaftlichen Umfeld erfasst, als auch der Programmbegriff hinsichtlich ver-

---

23   Reclams Sachlexikon des Buches. Hrsg. von Ursula Rautenberg. 2. Aufl. Stuttgart: Reclam 2003, S. 517f. Es ist anzumerken, dass das Sachlexikon des Buches, im Gegensatz zum Wörterbuch des Buches nicht nur ein eigenes Lemma zum Verlagsprogramm aufweist, sondern in diesem auch die zeitliche Bedingtheit in organisatorischer Trägheit des Programmes Erwähnung findet, und das Programm als Thema der internen und externen Verlagskommunikation charakterisiert und somit eine im Ansatz analoge Auffassung des Programmes vertreten wird, wie sie dieser Arbeit zugrunde liegt.

schiedener Funktionsaspekte beschrieben werden, um Ansatzpunkte für buchwissenschaftliche Fragestellungen im systemtheoretischen Rahmen aufzuzeigen.

Ziel dieser Arbeit ist es dabei jedoch nicht, ein in sich geschlossenes und eigenständiges buchwissenschaftliches Modell des Verlages zu entwerfen, sondern lediglich aufzuzeigen, dass die Verwendung des systemtheoretischen Organisationskonzeptes in bestimmten Kontexten eine Bereicherung des von Saxer beschriebenen Theoriepluralismus darstellen kann. Die vorgestellten systemtheoretischen Ansätze werden nicht auf das Ziel hin ausgerichtet orthodoxere Methodik zu ersetzen oder neue Erkenntnis disruptiv zu erzeugen, sondern eignen sich vielmehr dazu, die Reichweite buchwissenschaftlicher Analyse zu erhöhen und bewährtes fachliches Wissen in das Metakonstrukt der Systemtheorie schlüssig einzufügen. Auch ergänzen sie als Reflexionsfläche für Grenzfälle der Disziplin die Darstellungsmöglichkeiten des Faches.

Niklas Luhmanns zahlreiche Veröffentlichungen entwickeln ein Theoriegebäude, das er selbst als zirkulär sowie autoreferentiell, und daher nicht primär zur linearen Wiedergabe durch einen Text geeignet, charakterisierte.[24] Sein Sprachgebrauch präzisiert an vielen Stellen alltägliche Wortbedeutungen oder deutet diese in manchen Fällen zur Gänze um. Um die notwendige Begriffsschärfe der Ursprungstheorie beizubehalten, ist für jede systemtheoretische Anwendung eine präzise Klärung verwendeter Grundbegriffe vonnöten, wie sie in dieser Arbeit in Kapitel 2 geleistet werden soll. Besonders hingewiesen sei hier auf das Wort ›Programm‹, das bereits in der Buchwissenschaft als ein Typ von Druckerzeugnissen und als Veröffentlichungskatalog eine Doppelbedeutung besitzt, zu denen in der Systemtheorie noch die kontingenzreduzierende Struktur des Systemprogrammes hinzukommt. Sofern nicht anders angemerkt, ist in dieser Arbeit mit ›Programm‹ in der Regel das Verlagsprogramm bezeichnet.

Um die durch Zugrundelegung so abstrakter Modelle wie dem der Systemtheorie gewonnene Integrationsfähigkeit zu verdeutlichen, werden in Kapitel 3 einige Anwendungsbeispiele auf ausgewählte Funktionsaspekte des Programmbegriffes gegeben. Da dieser innerhalb der Buchwissenschaft zumeist mit großer Flexibilität gehandhabt wird, bietet sich eine Annäherung an das Verlagsprogramm mittels eines wirtschaftswissenschaftlichen Instru-

---

24 Vgl. Luhmann, Niklas: Einführung in die Systemtheorie. 6. Aufl. Heidelberg: Carl Auer 2011, S. 86–91.

mentariums an, um die vielfältigen Vermittlungsleistungen nutzbar zu machen, die Autoren dieses Faches bereits zwischen der soziologischen Ursprungstheorie und den spezifisch wirtschaftlichen Fragestellungen erbracht haben.

Verlagsprogramme determinieren als ausdifferenzierte Strukturelemente ihrer Organisation den Entscheidungsraum des Unternehmens ›Verlag‹. Zurückliegende Programme, die für das Unternehmen durch Erfolg oder Misserfolg identitätsbildend wurden, beeinflussen aktuelle Entscheidungen über die Angebotsgestaltung. Für die Analyse solcher Spezialisierung – oder im Falle längerer Persistenz: Teilbranchenzugehörigkeit von Unternehmen – hat sich in den Wirtschaftswissenschaften unter anderem das Konzept der »Pfadabhängigkeit« gebildet. Die bereits durch mehrere Autoren festgestellte Nähe zum systemtheoretischen Formenkreis lässt die Pfadabhängigkeit besonders geeignet erscheinen, das Programm als Resultat einer strukturellen ›Geschichte‹ der Unternehmensorganisation, einer inneren Identität des Verlages, zu betrachten.

Verlagsprogramme sind darüber hinaus auch Ausdruck des jedem Unternehmen inhärenten Steuerungsproblems, wie es im Zentrum eines Gros der neoklassischen Managementtheorien der Wirtschaftslehre steht. Die zunehmende Rezeption systemtheoretischer Entwürfe durch die Disziplin, und der ihr nahestehenden wissenschaftlichen Unternehmensberatung, bildet sich auch in Versuchen ab, Vergleichbarkeit zwischen konventionelleren Konzepten wie dem Strategischen Management und der Systemtheorie herzustellen. Hier bietet sich die Gelegenheit einer Integration der etablierten Klassifikationen unternehmerischen Entscheidens – etwa den Ressource-Based-View – in eine kohärente Organisationstheorie des Verlages. Das Programm als Ausdruck des Versuches eines Verlages, aufgrund seiner gegebenen Situation sowie einer möglichst präzisen Einschätzung der Marktsituation ein erfolgreiches Angebot zu erstellen, und die Entscheidung darüber als akzeptabel an Organisationsangehörige und auch Stakeholder zu vermitteln, bildet hier den Mittelpunkt der Betrachtung.

Zuletzt stellt jedes Verlagsprogramm auch eine bewusste Kommunikation des Unternehmens mit seiner Umwelt dar, sei sie zweck- und mediengebunden, beispielsweise in Programmkatalogen oder – unverbindlicher – als generelle Image- oder Markenbildung. Das Marketing wird in der Buchwissenschaft schon seit geraumer Zeit als wichtige Teilaufgabe des Verlages begriffen und entsprechend gut bearbeitet. Daher scheint eine Erfassung dieses

Funktionsaspektes des Verlagsprogrammes mit systemtheoretischen Mitteln als naheliegend, zumal für die Marketing- respektive Unternehmenskommunikationsforschung bereits Arbeiten vorliegen, die diese aus systemtheoretischer Perspektive bearbeiten. Es ist dabei von Bedeutung, die Möglichkeiten der direkten Kopplung zwischen den internen Prozessen des Verlages mit der umweltgerichteten Organisationskommunikation innerhalb eines Methodensets herauszustellen, die hier durch eine systemtheoretische Fassung ermöglicht werden würde.

Als textliche Basis der Bearbeitung dienen die Hauptschriften Niklas Luhmanns, neben *Soziale Systeme* von 1984, welches das Fundament für seine definitive Theoriebildung legte, sein im Jahre 1997 erschienenes Magnum Opus *Die Gesellschaft der Gesellschaft*. Daneben flossen speziell die von Dirk Baecker besorgte Transkription der Vorlesung zur *Einführung in die Systemtheorie* an der Universität Bielefeld und die Monographien *Die Wirtschaft der Gesellschaft* sowie *Organisation und Entscheidung*, nebst anderer Schriften Luhmanns in die vorliegende Arbeit ein. Thomas Dreppers umfassende Darstellung der Entwicklung organisationstheoretischer Konzepte im Werk Luhmanns – *Organisation der Gesellschaft* – und der von David Seidl herausgegebene Sammelband *Niklas Luhmann and Organization Studies* ermöglichen als Sekundärliteratur die Systemtheorie im Kontext anderer soziologischer und wirtschaftswissenschaftlicher Forschung zu verorten.

Die Darstellung der systemtheoretischen Integration des Konzepts der Pfadabhängigkeit bezieht sich vorrangig auf Frank Dievernichs Monographie *Pfadabhängigkeit im Management*. Des Weiteren wurden Aufsätze von Jörg Sydow und Jürgen Beyer sowie Jochen Koch und Stephan Duschek – zusätzlich zu Texten der Begründer der Pfadanalyse: W. Brian Arthur und Paul A. David – herangezogen. Die auch in der Buchwissenschaft rezipierte Dissertation Jan Philip Holtmanns zu Pfadeffekten beim Bertelsmann Buchclub verbindet ebenfalls eine Analyse organisationaler Trägheit mit einer systemtheoretischen Grundlage.

Modelle der Führungs- und Managementlehre als Gegenstand einer auf Luhmann aufbauenden Wirtschaftssoziologie beschreibt vor allem Dirk Baecker, dessen Veröffentlichungen *Wirtschaftssoziologie* und *Organisation und Management* – sowie einer Reihe kleinerer Artikel – wichtigen Anteil an den entsprechenden Darlegungen der vorliegenden Arbeit haben. Texte von Jan-Peter Vos, David Seidl und Fritz B. Simon integrierten die Systemtheorie bereits in Perspektiven auf die organisationale Steuerung und fanden eben-falls Verwendung.

Die Organisationskommunikation ist hinsichtlich der theoretischen An-lage Luhmanns ein offensichtlicher Aspekt eines Organisationsmodells. Sys-temtheoretische Methodik erlangt aber auch innerhalb der Publizistik-, Medien- und Kommunikationswissenschaften sukzessiv größere Bedeu-tung, und wird als integrierte Perspektive in Anschluss an die Publikationen zum Thema von Nikodemus Herger, Kai Paetov sowie Joachim Preusse und Ulrike Röttger bearbeitet.

2 DAS SYSTEMTHEORETISCHE ORGANISATIONSMODELL

»Die folgenden Überlegungen gehen davon aus, daß es Systeme gibt.«[25]

2.1 Theoretische Grundlagen

2.1.1 Die allgemeine Systemtheorie

In Geiste des Leibnizschen Ideals einer »mathesis universalis« – einer disziplinübergreifenden Wissenschaft – formulierte der österreichische Biologe Ludwig von Bertalanffy in den 1920er Jahren eine erste explizite Theorie des Systemhaften, um über kausale Relationen zwischen Gegenständen hinausgehend emergente Phänomene in ihrem systemischen Kontext zu analysieren. Schon bei Bertalanffy war dabei der Grundgedanke angelegt, dass Organisation, im Sinne der einleitend erwähnten ersten Bedeutungsebene, als ›Systematisierung‹ fundamentalen Anteil an einem solchen Theoriekomplex zukommen müsse.[26]

Da der fundamentale Charakter eines Lebewesens in seiner Organisation liegt, kann die übliche Untersuchung von Einzelteilen und Einzelprozessen keine vollständige Erklärung des Lebensphänomens angeben. Vielmehr müssen die Gesetze lebender Systeme auf allen Niveaus der Organisation untersucht werden. Wir nennen diese Auffassung, betrachtet

---

25 Luhmann, Niklas: Soziale Systeme (Suhrkamp Taschenbuch Wissenschaft 666). 17. Aufl. Frankfurt a. M.: Suhrkamp 2012, S. 30.

26 Vgl. Bertalanffy, Ludwig v.: Vorläufer und Begründer der Systemtheorie. In: Systemtheorie. Hrsg. von R. Kurzrock. Berlin: Colloquium 1972, S. 18 f.

als eine Forschungsmaxime, organismische Biologie und, als Versuch zur Erklärung, die Systemtheorie des Organismus.[27]

Gründete Bertalanffys Arbeit zunächst auf der Beobachtung von biologischen Systemen, beabsichtigte seine allgemeine Systemtheorie eine Untersuchung von strukturellen Ähnlichkeiten oder Isomorphien zu ermöglichen, die auf verallgemeinerten Prinzipien des Systemcharakters beruhten, »seien sie mechanisch, kalorisch, chemisch oder was immer.«[28]

Der Ursprung der stringent auf die Analyse des Sozialen ausgerichteten Systemtheorien – eine Bezeichnung die aktuell als vielfältiger Überbegriff für eine unscharfe Menge an international verbreiteten Theorieleistungen etlicher Disziplinen steht – liegt in der Verbindung kybernetischer Steuerungsparadigmen[29] mit soziologischen Fragen nach den Bedingungen eines Strukturfunktionalismus, also den durch spezifische Leistungsnachfragen innerhalb einer Gesellschaft stabilisierten Strukturen. Insbesondere Talcott Parsons formulierte mit einer Theorie über die Erhaltung von gewissen Elementen und deren Relationen in einer als System angelegten, von interdependenten sozialen Handlungen konstituierten Gesellschaft, die sich wiederum in Subsysteme aufteilt, den Archetyp der soziologischen Systemtheorie. Der Parsonssche Systembegriff bezieht sich so auf Handlungen als konstituierende Eigenschaft einer emergenten gesellschaftlichen Realität. Die Komponenten dieser Handlung, die ihr zugrunde liegenden Selektionen von Zweck und Mittel, werden dabei nicht von einer als Individuum begriffenen Person, sondern von einem durch Normenvorgaben einer aus interagierenden Elementen bestehenden Hintergrundstruktur beeinflussten Aktor getroffen. Diese Bedingungen des Handelns kategorisiert Parsons mithilfe eines Vier-Feld-

---

27 Bertalanffy: Vorläufer und Begründer der Systemtheorie., S. 20. Die hier wiedergegebene Stelle ist laut Bertalanffy ein nicht näher datiertes Selbstzitat »aus den zwanziger Jahren« und dürfte damit die früheste Bezeichnung einer ›Systemtheorie‹ sein.

28 Ebd., S. 22.

29 Die ›Kybernetik‹, benannt nach dem griechischen Wort für den nautischen ›Steuermann‹ und begründet durch den US-amerikanischen Mathematiker Norbert Wiener zwischen 1946 und 1953, enthielt bereits Bezüge auf reziproke Steuerungsverhältnisse innerhalb sozialer Phänomene, die jedoch für Wiener selbst, im Kern der Theorie peripher und ohne dezidierte sozialtheoretische Ausarbeitung, stets innerhalb einer Kommuniaktionsmaschinenanalogie verblieben. Vgl. dazu Seibel, Benjamin: Cybernetic Government. Informationstechnologie und Regierungsrationalität von 1943–1970. Wiesbaden: Springer Fachmedien 2016, S. 65–68.

Schemas, welches die bestandsfunktionale Basis jedes Sozialsystems abbildet, in dem die es jeweilig aktualisierende Handlung eingebettet ist.[30]

Niklas Luhmann übernimmt von Parsons in seinem frühen Werk die zentrale Frage nach den Prämissen der Gesellschaftsbildung respektive -erhaltung, akzentuiert aber die Funktion nicht als Erhaltungsleistung bestehender Strukturen, sondern vielmehr die Struktur als jeweils zeitliche Erfüllung einer bestimmten Funktion. Funktionen dienen nicht dem Strukturerhalt, sondern soziale Strukturen müssen sich den Erfordernissen der nachgefragten Funktionen zuordnen, wodurch gesellschaftliche Strukturen als flexibel anstatt ›stabil weil funktional notwendig‹ beschrieben werden, wie dies bei Parsons der Fall war.[31] Für Luhmann verschiebt sich in diesem für seine frühe Arbeitsphase kennzeichnenden Funktionsstrukturalismus das ›Kardinalproblem‹ des Sozialen weg von einer wie auch immer gearteten ›politischen Ordnung des guten Lebens‹ bzw. Zweckerfüllung oder Bedürfnisbefriedigung hin zur sozialen Kontingenz der Welt. Im Anschluss an das Konzept der »evolutionary universal«[32] bei Parsons, wurden Organisationen von Luhmann dabei als evolutionäre Konstituenten der modernen Gesellschaft angelegt. Organisationen sind voraussetzungsvolle Gebilde, die eine hohe Stufe struktureller Differenzierung innerhalb der Gesellschaft benötigen, um hochspezialisierte Funktionen zu erfüllen, zu denen sie ihre interne, in Mitgliedschaftsregeln und Stellen ausgedrückte, kommunikative Kontingenz befähigt.[33]

2.1.2 Die autopoietische Wende

Mit der Veröffentlichung der monographischen Darstellung seiner Theorie *Soziale Systeme* von 1984 distanziert sich Luhmanns Systemtheorie von einer Erweiterung der Konzepte Parsons. Mit der Inkorporation des Auto-

---

30   Vgl. Opielka, Michael: Gemeinschaft in Gesellschaft. Soziologie nach Hegel und Parsons. Wiesbaden: VS Verlag 2007, S. 270 f.

31   Vgl. Villányi, Dirk: Soziologische Systemtheorie. In: Soziologische Paradigmen nach Talcott Parsons. Eine Einführung. Hrsg. von Dietmar Brock. Wiesbaden: VS Verlag 2009, S. 357.

32   Parsons sah die primäre Treibkraft für strukturellen Wandel innerhalb einer Gesellschaft in einem evolutionären Anpassungsdruck durch ›Standardhebung‹ der verallgemeinerten sozialen Normen- und Wertmuster, die zu einer parallelen Entwicklung innerhalb verschiedener Funktionssysteme führen. So entwickeln die unterschiedlichen Systeme der Gesellschaft wie Rechtssystem, Wirtschaftssystem etc. funktional-analoge Strukturen, um die generalisierteren Bestandsanforderungen der Gesellschaft zu erfüllen. Vgl. Parsons, Talcott: Das System moderner Gesellschaften. 7. Aufl. Weinheim: Juventa 2009, S. 40–42.

33   Vgl. Drepper, Thomas: Organisation der Gesellschaft. Gesellschaft und Organisation in der Systemtheorie Niklas Luhmanns. Wiesbaden: Westdeutscher Verlag 2003, S. 52 f.

poiesis-Paradigmas des chilenischen Biologen Humberto Maturana und dem konsequenten Bezug seines Modells auf eine aus dem Formenkalkül George Spencer Browns resultierende Beobachterperspektive entwickelt Luhmann eine epistemologisch eigenständige, differenztheoretische Systemtheorie. Systeme sind nun keine Relationalräume von oder zwischen Elementen mehr, sondern definieren sich ausschließlich über ihre System/Umwelt-Differenz, die durch ihre Operationen – im Falle des sozialen Systems Kommunikationen – reproduziert werden.

Dem epistemologischen Konzept der Systemtheorie Luhmanns dient ein operativer Konstruktivismus als ›Erkenntnisprogramm‹, welcher von der Beobachterabhängigkeit allen Wissens – und damit der Welterfahrung überhaupt – ausgeht.[34] Einem Beobachter muss die etwaige äußere Realität stets als unerreichbarer Horizont erscheinen, da die Beobachtung im Moment ihres Geschehens selbst nicht beobachtet werden, und nicht zwischen den Bedingungen gegebener Realobjekte und den Bedingungen der eigenen Beobachtung unterschieden werden kann. Beobachtung ist hierbei das Treffen einer Unterscheidung in der komplexen Umwelt und die Bezeichnung des Unterschiedenen. Die Unterscheidung selektiert einen weitgehend arbiträren Ausschnitt der Realität, was Beobachtung zu einem Akt der Wirklichkeitskonstruktion werden lässt. Jede Beobachtung nimmt eine Selektion in ein Differenzpaar aus Bezeichnetem und Unbezeichnetem vor: das Konstrukt des Unbezeichneten steht dabei als ›blinder Fleck‹ unter dem Gegensatzpartner – als nicht-selektierter Teil der Operation.[35]

Die Beobachtung ist eine Operation von Systemen, die sich wiederum durch ihre eigenen Operationen, also der Reproduktion von systemischen Elementen[36], die aneinander anschließen, autopoietisch erhalten. Den Systemen ist die Außenseite ihrer Systemgrenze, die Umwelt, nur über die Konstruktion eines Unterschiedes in der Beobachtung zugänglich, ihre beobachtete Realität bleibt daher stets konstruierte Realität – ein beobachter- und beobachtungsabhängiger Sachverhalt. Die Kognition eines Systems, seine

---

34 Vgl. Luhmann, Niklas: Soziologische Aufklärung 5. Konstruktivistische Perspektiven. 3. Aufl. Wiesbaden: Springer VS 2005, S. 31.

35 Vgl. ders.: Einführung, S. 140–142.

36 Mit Reproduktion von Elementen ist bei Luhmann keine Erstellung von Realobjekten oder Relationen gemeint, sondern die durch das ›Systemgedächtnis‹ bewältigte Vergangenheitskonstruktion und die damit für gegenwärtige Kommunikation verfügbaren Sinnverweise, Themen, Unterscheidungen etc. Für eine Zusammenfassung der Rolle der Kultur als Systemgedächtnis. Vgl. Kuhn: Überlegungen, S. 126–128.

Beobachtungen, sind Eigenleistungen der Systemoperationen, die keine objektiv erfassbaren ontologischen Entsprechungen in der Welt haben, weswegen die Kategorien des beobachtenden Systems – sein Sinnhorizont, Erwartungsstrukturen etc. – Art und Weise des zu Beobachtenden bestimmen.[37]

Der Gehalt der Beobachtung ist, im Gegensatz zur alltäglichen Verwendung des Begriffs, kein Objekt, sondern sie bildet die Einheit der Differenz von Unterscheidung und Bezeichnung. Diese paradox klingende Festlegung Luhmanns resultiert aus seiner Abkehr von der tradierten Ontologie, die das ›Existente‹ untersucht hin zu einem differenztheoretischen Ansatz. Die Analyse soziologischer Sachverhalte wird auf einer Theoriearchitektur aufgesetzt, in deren Fundament die Frage nach den Bedingungen der Möglichkeit der Unterscheidung – oder eben den Möglichkeiten der Beobachtung – angelegt ist. In Anlehnung an das Formenkalkül Georg Spencer Browns, den »Différance«-Begriff Jaques Derridas und die Zeichenlogik Saussures, wird die Differenz als abstrakter Modus der Kognition und damit als Grundeinheit der theoretischen Argumentation verwendet. Alle systemischen Operationen, die das zeitlich-prozessuale Pendant[38] dieser Grundeinheit bilden, basieren auf Unterscheidungen.[39]

Das System ist die Differenz von System und Umwelt. Es ist weder die eine Seite noch die andere Seite dieser Unterscheidung. Man kann mit Fug von einem transklassischen ›Gegenstand‹ sprechen, von einem Unjekt, das nicht wahrgenommen, ausgemessen, vorgelegt werden kann.[40]

2.1.3 Kommunikation als Operation geschlossener Systeme

Luhmanns Systemtheorie begreift die drei Ebenen sozialer Systeme (Interaktionssystem, Organisation und gesellschaftliches Funktionssystem) hinsichtlich ihrer Operationen als kommunikative Sinnsysteme, die, um ihre Funktionen als Teile gesellschaftlicher Strukturen zu erfüllen, in ihren internen

---

37 Vgl. Luhmann: Einführung, S. 151–154.
38 Die Zeitlichkeit der Operation liegt im grundlegenden Paradox des Modells begründet, dem System als Form einer Unterscheidung von System und Umwelt, die wiederum das System selbst enthält. Dieses als »re-entry« bekannte Konzept Spencer Browns ist hinsichtlich der Entscheidungsleistung von Systemen für ein systemtheoretisches Organisationsmodell von Bedeutung, da die Paradoxie nur durch die kontinuierliche zeitliche Verschiebung aufeinanderfolgender Entscheidungs- bzw. Kommunikationsprozesse ›entfaltet‹ werden kann.
39 Vgl. Luhmann: Einführung, S. 78–88.
40 Fuchs: Hochabstraktion, S. 259.

Prozessen durch Kommunikation einen systemimmanenten und system-
endemischen Sinnhorizont autopoietisch aktualisieren, indem sie Kommunikationen und Selbstreferenz aneinander anschließen. In Bezug auf Ed-
mund Husserls phänomenologischen Begriff von Sinn als Kongruent des
durch ihn bezeichneten Gegenstandes liegt die Betonung der systemtheoretischen Epistemologie des Sinnes auf der gemeinsamen, co-evolutionären
Nutzung des Sinnes durch psychische und soziale Systeme, die sich gegenseitig in ihrer Funktion voraussetzen.[41] Luhmann vermeidet explizit eine starre
Definition zugunsten einer phänomenologischen Beschreibung als Verwei-
sungsüberschuss, der von aktuell gegebenem Sinn aus zugänglich ist:

> *Das Phänomen Sinn erscheint in der Form eines Überschusses von Ver-*
> *weisungen auf weitere Möglichkeiten des Erlebens und Handelns. Etwas*
> *steht im Blickpunkt, im Zentrum der Intention, und anderes wird*
> *marginal angedeutet als Horizont für ein Und-so-weiter des Erlebens*
> *und Handelns.*[42]

Der Sinnverweis der Bezeichnung eines Unterschiedes kann als Information nur in Einheit mit der prozessualen Mitteilung und dem Verstehen –
das heißt: der Kompatibilität der codierten Mitteilung mit dem Sinn des wiederum beobachtenden Systems – kommuniziert werden, und sollte sie dem
Sinnhorizont jenes Systems entsprechen zu einer selektiven Strukturänderung in Form einer anschlussfähigen Operation führen. Diese Operations-
folgen stellen gesellschaftliche Kommunikation dar, die nicht durch einzelne Aktoren getragen werden kann. Subjekte nehmen an der Konstitution
kommunikativer Systeme durch strukturelle Kopplung des kognitiven Ap-
parats psychischer Systeme mit den sozialen Systemen teil, sind jedoch nicht
›Träger‹ der Kommunikation und damit des genuin Sozialen.[43] Eine Inter-
subjektivität im Sinne eines Sozialapriori ersetzt Luhmann durch die Autopoiesis der sozialen Systeme, um die Eigendynamik gesellschaftlicher Prozesse sui generis beschreiben zu können, ohne auf das durch die Barrie-
ren der Bedingungen der Möglichkeit des Beobachtens unerreichbare, empirische ›Erleben‹ des Individuums zugreifen zu müssen.[44] Dieses mit

---

41 Vgl. Luhmann: Soziale Systeme, S. 122.
42 Ebd., S. 93.
43 Vgl. ders.: Die Gesellschaft der Gesellschaft. Frankfurt a. M.: Suhrkamp 1997, S. 82 f.
44 Neben der Unerreichbarkeit psychischer Vorgänge zeigt sich die Kommunikation auch durch
    ihre Zeitgebundenheit als emergente Ebene des Sozialen, die von den Gedanken der Beteiligten

konventioneller Alltagserfahrung im Konflikt stehende und von Peter Fuchs als »das erste große Ärgernis jener Theorie«[45] beschriebene Konzept fasste Luhmann in *Soziale Systeme* zusammen:

Nicht der Mensch kann kommunizieren, nur die Kommunikation kann kommunizieren. [...] Nur ein Bewusstsein kann denken (aber eben nicht: in ein anderes Bewusstsein hinüberdenken), und nur die Gesellschaft kann kommunizieren. Und in beiden Fällen handelt es sich um Eigenoperationen eines operativ geschlossenen, strukturdeterminierten Systems.[46]

Aus der Grundannahme von autopoietischen, aus ihrer Differenz zur Umwelt erzeugten Sinnsystemen ergibt sich für Luhmann zwingend eine operative Geschlossenheit kommunikativer Systeme. Im Gegensatz zur systemfunktionalistischen Grundthese setzt Luhmann keine formal bestehenden Systemzusammenhänge oder bedingende Umweltverhältnisse voraus; vielmehr entstehen systematische Zusammenhänge durch rekursive Vernetzung von Ereignissen, die sich gegenüber einer Umwelt abgrenzen und sich durch kontinuierliche Rekursion auf diese Differenz als System etablieren. Nur dem Sinnhorizont (der durch das spezifische System aktualisiert wird) angehörende Kommunikationen sind anschlussfähig und dadurch vom System als Kommunikation zu beobachten. Die Autopoiesis des Systems durch Rekursion auf die eigene Operation erzeugt die operative Geschlossenheit gegenüber anderen Kommunikationssystemen der Gesellschaft, die dadurch als Umwelt fungieren. Wäre die Systemoperation der Kommunikation an die Umwelt anschließbar, könnte durch sie keine System-Umwelt-Grenze aufgebaut werden.[47]

Kommunikation ist in Luhmanns Theorie als selektives Prozessieren angelegt, denn das interne Medium der Kommunikation ist der jeweilige systemendemische Sinn, das fortlaufende Prozessieren der Differenz von Ak-

getrennt operiert. Kommunikation kann ihr eigenes Operieren nicht beobachten, lediglich post festum thematisieren: »[Kommunikation] schließt überdies mit den Bedingungen ihres eigenen Funktionierens aus, daß die Bewusstseinssysteme den jeweils aktuellen Innenzustand des oder der anderen kennen können, und zwar bei mündlicher Kommunikation, weil die Beteiligten mitteilend/verstehend gleichzeitig mitwirken, und bei schriftlicher Kommunikation, weil sie abwesend mitwirken.« Luhmann: Gesellschaft der Gesellschaft, S. 81f.

45 Fuchs: Hochabstraktion, S. 258.
46 Luhmann: Soziale Systeme, S. 105.
47 Vgl. ders.: Einleitung, S. 107.

tualität und Möglichkeit. Kommunikation ist die Einheit einer dreifachen Selektion, die aus den Komponenten Information, Mitteilung und Verstehen besteht, und es kann nur dann eine Kommunikation stattfinden, wenn diese erfolgreich prozessiert wurden. Information, die erste Selektion, stellt dabei die Beobachtung des kommunizierenden Systems einer Differenz von Aktualität und Möglichkeit dar, eine Unterscheidung innerhalb des durch vorangegangene Kommunikationen des Systems geschaffenen Verweisungshorizontes. Die Mitteilung ist die Selektion eines Verhaltens zur Vermittlung der Information und das Verstehen die Handhabung der Unterscheidung zwischen Information und Mitteilung. Mittels der Beobachtung der Differenz von Information und Mitteilung ist eine strukturgebende Operation durch die Information und damit eine Anschlusskommunikation in derselben Codierung möglich.[48]

Auch wenn das Verstehen zunächst als ausgegliederte, eigenständige Operation erscheinen könnte, die durchzuführen es Aktoren oder Individuen autonom möglich sei, ist ein solcher Transport in Luhmanns Modell jedoch durch die Abgeschlossenheit aller kommunikativen Systeme nicht möglich. Verstehen ist stets eine Selektion innerhalb des komplex konstituierten Kommunikationsprozesses.

> *Im Unterschied zu bloßer Wahrnehmung von informativen Ereignissen kommt Kommunikation nur dadurch zustande, dass Ego zwei Selektionen unterscheiden und diese Differenz seinerseits handhaben kann [...] Die Differenz liegt zunächst in der Beobachtung des Alter durch Ego. Ego ist in der Lage, das Mitteilungsverhalten von dem zu unterscheiden, was es mitteilt. Wenn Alter sich seinerseits beobachtet weiß, kann er diese Differenz von Information und Mitteilungsverhalten selbst übernehmen und sich zu eigen machen, sie ausbauen, ausnutzen und zur [...] Steuerung des Kommunikationsprozesses verwenden. Die Kommunikation wird sozusagen von hinten her ermöglicht, gegenläufig zum Zeitablauf des Prozesses.[49]*

Information und Mitteilung erhalten durch die Codierung eine geeignete Zweitform (zum Beispiel sprachlich, schriftlich oder in den beschriebenen Kommunikationsmedien) zur operativen Vereinheitlichung zwischen

---

48   Vgl. Luhmann: Soziale Systeme, S. 194–196.
49   Ebd., S. 197 f.

Alter und Ego und können im Prozess operationalisiert werden. Erfolgt eine Anschlusskommunikation ist die Codierung akzeptiert, ihre Kontingenz überwunden und Kommunikation als solche ›verstanden‹ worden. Durch die Erzeugung von Kommunikation aus Kommunikation, der Autopoiesis, entstehen in Luhmanns Konzept also selbstorganisierte soziale Systeme als emergente Phänomene.

Verstehen fungiert als jener Faktor des Kommunikationsprozesses, der soziale Systeme als emergente Ordnungseinheiten erscheinen lässt. Soziale Systeme sind selbstreferentiell angelegt, da sie wie psychische Systeme die Unterscheidung Selbstreferenz/Fremdreferenz prozessieren. Prinzipiell verfahren soziale Systeme ›basal selbstreferentiell‹, indem sie immer auch auf vorhergehende Kommunikation Bezug nehmen um Anschlusskommunikation zu bilden, so dass Verstehen lediglich den Anschluss einer Kommunikation an sich und nicht die Übertragung einer intakten Information bezeichnet. Aus der Prämisse, dass soziale Systeme Kommunikation als Synthese dreier Selektionen basal-selbstreferentiell an Kommunikation anschließen und damit eine emergente Ordnungsebene erreichen, folgt, dass es für Kommunikation kein entsprechendes Umweltkorrelat geben kann, da sie systeminhärente Konstruktionen dieser Selektionen sind.

2.1.4 Strukturelle Kopplung

Psychische Systeme operieren ebenso durch die rekursive Erzeugung von Elementen autopoietisch wie soziale Systeme und sind gleichfalls abgeschlossen gegenüber ihrer Umwelt. Nicht nur Gedanken – das operative Äquivalent zur Kommunikation in sozialen Systemen – sind also systemendemisch; auch Informationen als solche können Systeme nicht verlassen. Dennoch sieht Luhmanns Konzept in der strukturellen Kopplung ein Moment der intersystemischen Beziehung respektive System/Umwelt-Kausalität vor, um soziale Systeme, zumal als autopoietische Systeme auf eine operationelle Geschlossenheit angewiesen, dennoch zu einem funktional interdependenten (Gesellschafts-)Gebilde zu verbinden.[50]

Der durch funktionale Differenzierung evolutionär entwickelte, innere Aufbau der Gesellschaft erzeugt für das jeweilige System eine komplexe Umwelt, deren Einflüsse dennoch inkorporiert werden müssen. Systeme sind,

---

50 Vgl. ebd., S. 114 f.

da sie ihre Strukturen als ›Erwartungen‹[51] nur aus ihrer eigenen Operation erzeugen, auf Irritation – Strukturänderung durch Beobachtung von Umwelt – angewiesen, um sich funktional auszudifferenzieren. Die strukturelle Kopplung gewährt, durch die Umweltbeziehung bei operationeller Geschlossenheit, die Selbstdetermination des autonomen Systems innerhalb des gegebenen Möglichkeitsraumes der sozialen Funktion und stellt damit eine Bedingung der Autopoiesis dar. Systeme bestehen so autonom, vermögen aber hochkomplexe Umweltbedingungen der Gesellschaft anzuschließen, ohne deren Komplexität selbst akkumulieren zu müssen.[52]

Strukturelle Kopplung ist dennoch keine äußere Strukturdeterminante für Systeme, sondern tritt für diese als Perturbation auf, worauf das System eigenständig mit Informationsverarbeitung reagieren kann. Diese Form der gesellschaftsinternen strukturellen Kopplung, im Unterschied zu externen Kopplungen, etwa zwischen physischen und psychischen Systemen, stellt zumeist eine Sequenz von sich aufeinander beziehenden Beobachtungen und Operationen in unterschiedlichen Systemen dar.[53] Eine Operation in einem System löst ihrerseits eine Irritation in einem beobachtenden System aus, welches darauf mit seinen Operationen reagiert, die unter Umständen wiederum durch das ursprüngliche System beobachtet werden können. Zu stabilen und reproduzierbaren Verbindungen zwischen Systemen kommt es durch die Bildung von Erwartungsstrukturen für diese spezifische Irritationsfolge. Je nach evolutionärem ›Erfolg‹ des spezifischen rekursiven Zirkels differenzieren sich diese zum Beispiel in Form von institutionalisierten Kommunikationskontexten aus. Programmstrukturen, Themen oder

---

51   Struktur bezieht sich bei Luhmann stets auf eine Erwartung, also auf eine vergangene und erinnerte Konstruktion einer möglichen Zukunft, die – wenn durch kommunikativen Anschluss an eine Operation evolutionär erfolgreich – dem System als Grundlage für die Reaktion auf weitere Kommunikationen im Systemgedächtnis zur Verfügung steht. Vgl. Luhmann: Soziale Systeme, S. 396–399.

52   Vgl. Luhmann: Gesellschaft der Gesellschaft, S. 92–94.

53   Anhand der strukturellen Kopplung lässt sich die Divergenz in Luhmanns Begriff der Kommunikation vom Alltagsverständnis demonstrieren. So können zwei soziale Systeme – wie Unternehmen – durchaus miteinander in Verbindung treten, solange ihre Kommunikation innerhalb des übergeordneten Funktionssystems ›Wirtschaft‹ und dessen binärem Medium ›Geld‹ geschieht – die Erfolgswahrscheinlichkeit der Interaktion ist hoch; zahlen/nicht-zahlen als Ergebnis wahrscheinlich. Wenn die in dieser intersystemischen Verbindung enthaltenen Ereignisse jedoch in die Systemoperationen der Organisationen integriert werden sollen, müssen sie durch diese beobachtet und ausschließlich anhand ihrer inneren Operationen angeschlossen werden. Es findet also keine Übertragung von Information im Sinne von ›greifbaren, uninterpretierbaren Tatsachen‹ statt, sondern alle Ereignisse werden anhand der inneren Struktur des jeweils beobachtenden Systems ausgelegt.

Verträge – letztere Ausdruck einer Kopplung der gesellschaftlichen Funktionssysteme Wirtschaft und Recht, die in einer Vielzahl von Fällen durch Organisationen aktualisiert und operationalisiert werden – etablieren erwartbare Umweltbeobachtungen. Solche Erwartungsstrukturen stabilisieren spezifische Kommunikationen, indem sie einen festen Rahmen bilden, um diese zu aktualisieren. Sie senken die zu beobachtende Komplexität der Gesellschaft und erlauben dadurch niedrigere Kontingenz in der Operation des Systems, was zu einem Aufbau von Systemstrukturen höherer interner Komplexität führt.[54]

2.1.5 Kontingenz und Medium/Form-Differenz

Ein wichtiger Faktor für die Genese sozialer Ordnung durch Kommunikation als ihre basale Operation ist das Problem der Unwahrscheinlichkeit solcher Kommunikation und den daran geknüpften Operationen in Sinnsystemen. Kommunikation basiert als Einheit von Information, Mitteilung und Verstehen sowohl auf der obig beschriebenen arbiträren Natur von Selektionen als auch auf der Verwendung eines einheitlichen Codes zur Unterscheidung von Information und Mitteilung zwischen mindestens zwei Instanzen. Zumal diese Instanzen so ihre kontingenten Selektionen auch wechselseitig in Abhängigkeit von selegierter Kontingenz stellen, entsteht doppelte Kontingenz, essentiell die Frage nach den Bedingungen der Möglichkeit der Kommunikation als systembildende Operation. Im Kern lautet sie in etwa: Wie kann eine Interaktion zwischen zwei Teilnehmern – psychischen oder sozialen Systemen – stattfinden, ohne dass eine regulative Struktur existiert, die wiederum erst durch solche Interaktionen gebildet werden kann?[55]

Es kommt zum Problem der doppelten Kontingenz, wenn sinnverarbeitendes Prozessieren anderes sinnverarbeitendes Prozessieren wechselseitig beobachtet und beide Seiten ihr weiteres Operieren, unter Abwesenheit einer bereits etablierten Rahmenordnung, in Abhängigkeit von den Erwartungen des anderen stellen. Luhmann sieht drei Determinanten der Unwahrscheinlichkeit von Kommunikation, den drei Selektionen entsprechend. Erstens kann Kommunikation nicht alle Kontexte aufnehmen, denn Sinn ist stets kontextgebunden. Zweitens nennt er die Beeinflussung der Mitteilung durch

---

54 Luhmann führt für den Vorgang der Komplexitätssteigerung durch externe Komplexitätsminderung die Analogie zur Sprache als Medium an, welche durch ein beschränktes Zeichenrepertoire hochkomplexe Kombinatorik und damit mehr semantische Komplexität zulässt. Vgl. Luhmann: Einleitung, S.117–119.

55 Vgl. Luhmann: Einführung, S.303.

räumliche und zeitliche Unterschiede der Kommunikationssituation von Alter und Ego sowie drittens die Erzeugung von Gegensinn durch Alter, der zwar Information und Mitteilung, nicht aber den von Ego kommunizierten Sinn annimmt. Doppelte Kontingenz ist eine stete Herausforderung für alle kommunikativen Prozesse und Luhmann betrachtet sie als Ausdruck der allgemeinen Unwahrscheinlichkeit der Kommunikation und sozialen Strukturbildung und -erhaltung schlechthin.[56]

Soziale Systeme reagieren darauf mittels Herausbildung von Medien oder Erwartungsstrukturen zur Komplexitätsreduktion für die jeweiligen Kopplungen. Diese »erwartungsleitenden Wahrscheinlichkeiten« begrenzen den Selektionsraum, ohne die Selektion an sich zu unterbinden, und steigern damit simultan sowohl die Selektionswahrscheinlichkeit des vorgegebenen kommunikativen Spektrums als auch die Erwartbarkeit und Erfolgswahrscheinlichkeit der Kommunikation. Sie bilden sich mittels langfristiger – durch wiederholte Irritationen bestimmter Konstellationen von Systemen oder Kopplungen – konzertierte Evolutionsprozesse der gesellschaftlichen Kommunikationssysteme, was Luhmann als »structural drift« bezeichnet.[57] Auch durch die Klassifikation von Kommunikation in Themen der Sachdimension des Sinnes kann die Wahrscheinlichkeit einer Anschlusskommunikation erhöht werden. Thematisierungsschwellen schränken dabei die zu erwartenden Kommunikationen ein. Die durch das Spektrum möglicher sozialer Kommunikation eröffnete Komplexität wird durch eine Konsistenzprüfung der kommunikativen Inhalte mit dem durch vorangegangene Operationen aktualisierten Thema als Erwartungsstruktur reduziert.

Medien sind in Luhmanns Theorie »[diejenigen] evolutionären Eigenschaften, die an jenen Bruchstellen der Kommunikation ansetzen und funktionsgenau dazu dienen, Unwahrscheinliches in Wahrscheinliches zu transformieren.«[58] Mechaniken des Medialen – im Sinne eines generellen Zwischenliegenden, des Tertiären oder eines durch Stellendifferenzen markierten Relationsbegriffes – zählen zumindest implizit zu den zentralen Momenten in der Systemtheorie. Explizit wird dies in der beschriebenen Komplexitätsübernahme aus der Umwelt im Zuge der Erzeugung systemspezifischen Sinnes, da dieser einerseits nur innerhalb eines Systems erzeugt werden kann, andererseits Systeme innerhalb einer ausdifferenzier-

---

56 Vgl. Luhmann: Einführung, S. 304–306.
57 Vgl. ders.: Die Realität der Massenmedien. 4. Aufl. Wiesbaden: Springer VS 2009, S. 131.
58 Vgl. ders.: Soziale Systeme, S. 220.

ten Gesellschaft interdependente Funktionen erfüllen, was eine systeminterne Kategorie erfordert, die, zeitlich und räumlich dauerhaft, systemfremde Information verfügbar macht. Der Selektion von Aktualität/Potentialität des Beobachteten bei Alter entspricht die Selektion Medium/Form bei Ego, welche die Konzeption des Medienbegriffs und die kommunikationsermöglichende Funktion der konkreten Medien konstituiert.[59]

Diese Unterscheidung ist reine Eigenleistung des Systems und setzt sich von der aristotelischen Tradition einer ontologischen Substanz und darin enthaltener Formen ab, da sie eine Relation von lose gekoppelten Elementen in einem Medium und eine Verdichtung von Abhängigkeitsverhältnissen zwischen denselben Elementen des Mediums in der strikteren Kopplung einer Form leistet. Die Form ist nun nicht mehr eine akzidentielle Wesensform einer ›ersten Materie‹, sondern stellt eine spezifische Sinnzuweisung des Kommunikationssystems in einem durch das Medium abgesteckten Raum potentiell unerschöpflicher kombinatorischer Möglichkeiten dar. Das Medium selbst ist, als unselektierter Teil der Operation, nur in den Bedingungen der Formen und den dadurch angezeigten Alternativformen zu beobachten. Diese Relativität der beiden Seiten der Selektion, die auch anders getroffen werden kann, eröffnet die Möglichkeit, das jeweilige Medium selbst als Form in einem übergeordneten Medium und die Form als Medium für spezifischere Formen zu setzen und weist auf eine prinzipielle Unabgeschlossenheit der Differenzierung durch das selegierende System hin.[60]

Anders als etwa in der habermasschen Konzeption von Medialität und Kommunikation ist die Selektion einer Form nicht von Rationalitätsvorschlägen oder normativen Direktiven, die dem Medium zu eigen wären, abhängig. Luhmann sieht keine gesteuerte Vermittlung von Umweltkorrespondenz in semantischer Adäquatheit durch einen Sender vor; vielmehr ist alleine die operative Anschlussfähigkeit im Sinnsystem der Selektion entscheidend, ob sie sich gegen andere potentielle Kopplungen des Mediums durchsetzt. Formen benötigen dabei (technische) Vorkehrungen zu ihrer Erhaltung, wie etwa das physische Gedächtnis, die Schrift oder den Buchdruck, um als Texte des Systemgedächtnisses für Anschlussoperationen verfügbar zu sein und so Teil der strukturellen Systemidentität zu werden.[61]

59   Vgl. Luhmann: Gesellschaft der Gesellschaft, S.193–196.
60   Vgl. ebd., S.195–199.
61   Vgl. ebd., S.200.

2.2 Organisation und Entscheidung

»Die Prämisse von Organisation ist das Unbekanntsein der Zukunft und der Erfolg von Organisation liegt in der Behandlung dieser Ungewissheit: ihrer Steigerung, ihrer Spezifikation und der Reduktion ihrer Kosten.«[62]

2.2.1 Merkmale des sozialen Systems Organisation

Die evolutionäre Ausdifferenzierung und Komplexitätssteigerung der Gesamtgesellschaft – das umfassende Sozialsystem aller potentiell füreinander erreichbarer Kommunikation – bestimmt die Ausbildung übergeordneter Teilsysteme für ihre basalen Funktionen. Diese generalisierten Kommunikationssysteme der Makrogesellschaft (wie Recht, Wissenschaft, Wirtschaft, Politik etc.) operieren zwar geschlossen, sind jedoch auf strukturelle Kopplung – unter anderem durch ihre jeweils ausgeformten Medien[63] – angewiesen, um trotz ihres Komplexitätsgefälles zur Umwelt sich dieser funktionell anpassen zu können (vgl. Kap 2.1).[64] Mit steigender Ausdifferenzierung, d. h. steigender Eigenkomplexität der Funktionssysteme, steigen auch die strukturellen Anforderungen an die Kopplungen der Funktionssysteme, sodass ephemere Interaktionssysteme weder die nötige Eigenvarianz noch die Verweildauer aufweisen, um diese zu bewältigen. Die dauerhaften, durch Erwartungsprogamme komplex strukturierten und durch Rollen- bzw. Stellenzuweisungen von Teilnahme/Anwesenheit unabhängigen – und dadurch prinzipiell permanent aufrechtzuerhaltenden – Einrichtungen der Organisation fangen durch ihre hohe Spezialisierung und Systemkomplexität die

---

62 Luhmann, Niklas: Organisation und Entscheidung. 2. Aufl. Wiesbaden: VS Verlag 2006, S. 10.

63 Die durch die makrosozialen Funktionssysteme ausgebildeten, symbolisch generalisierten Kommunikationsmedien erhöhen die Annahmewahrscheinlichkeit der Kommunikation der grundlegenden Funktionen der Gesellschaft, indem sie den Beobachter zu einer binären Entscheidung der dann impliziten Sinnverweisung einer Kommunikationsabsicht motivieren. Generalisiert sind diese insofern, als dass ihr eingeschränktes Formenangebot auf wiederkehrende Problemfelder gesellschaftlicher Kommunikation, die ihre Ausdifferenzierung hervorgerufen haben, reagiert und nicht für einzelne Kommunikationssituationen neu erbracht werden müssen. Symbolisch sind sie insofern, als dass sie eine eventuell hochkomplexe Kommunikationssituation, die eine Reihe von Sinnselektionen erlaubt, in eine einfache Ja/Nein-Differenz transferieren und den Erfolg der Kommunikationsabsicht unterstützen. Symbolisch generalisierte Kommunikationsmedien können Wahrheit, Macht oder auch Geld sein. Vgl. Luhmann: Die Gesellschaft der Gesellschaft, S. 316–318.

64 Das Paradigma der »requisit variety« geht auf den britischen Kybernetiker und Psychologen Ross Ashby zurück und besagt, dass das Repertoire an Prozessen eines Systems – die Systemkomplexität – mindestens ebenso umfangreich sein muss wie die Anzahl der vom jeweiligen System zu lösenden Probleme.

Kontingenz einer überkomplexen Umwelt auf. In der Konsequenz stellen Organisationen die kommunikative Zurechnungsfähigkeit der Funktionssysteme dar – eine wirtschaftliche Kommunikation wird in der Regel durch Organisationen getragen und kollektive ›Handlungen‹ der gesellschaftlichen Funktionen finden in Organisationen statt.[65]

Als autopoietische Systeme reproduzieren Organisationen ihre System/Umwelt-Differenz ebenfalls durch den rekursiven Anschluss von Kommunikationen. Als typisches Merkmal der Organisation in Abgrenzung zu anderen Systemen setzt Luhmann die Entscheidung einerseits sowie andererseits die formelle oder informelle Adressierung dieser Entscheidung anhand der strukturellen Mitgliedschaftsregeln der operierenden Organisation. Entscheidungen werden von Luhmann in einem zirkulären Konstitutionsverhältnis mit der Erwartungsstruktur des Systems definiert, in dem jene kommunikativen Ereignisse, die auf die Erwartung einer Entscheidung reagieren, zur Entscheidung werden, unter den kontingenten Verweisungsmöglichkeiten des jeweilig aktualisierten Sinnes eine Auswahl treffen und diese Wahl als Grundlage für weitere Entscheidungen kommunizieren.[66] Die temporalisierte, durch einen Beobachter lediglich ex post zu konstruierende Qualität einer Kommunikation als Entscheidung entbindet also davon festzustellen – nach der üblichen Definition der Entscheidung als »eine an Präferenzen orientierte Wahl zwischen Alternativen« –, welches subjektive Zweck/Mittel-Schema ein ›Entscheider‹ zugrunde legt (s. Kap. 2.2.4 Rationalität). Unter Einbezug der Definition der Kommunikation als Einheit von Information, Mitteilung und Verstehen kann dann von einer Entscheidungskommunikation gesprochen werden, wenn die Mitteilung einer Information als Reaktion auf Erwartungen an die Mitteilungs- bzw. Informationsselektion verstanden wird. Entscheidungen können also in ihrer systemkonstituierenden Rolle nicht durch individuelles Handeln eines Entscheidungsträgers entstehen, sondern nur emergent in der sozialen Zuschreibung als solche.[67]

---

65 Vgl. Luhmann: Gesellschaft der Gesellschaft, S. 131 f.

66 Bei Luhmanns Definition der Entscheidung ist zu beachten, dass sie sich ausschließlich auf die Rolle des kommunikativen Ereignisses in der Aufrechterhaltung der Operation einer Organisation bezieht und keine Aussagen über die psychischen Entscheidungsabläufe eines Individuums trifft. Die grundlegende Frage Luhmanns zielt auf die emergente Sozialstruktur ab, die sich aus den als Erwartungen markierten Kommunikationen bildet: »Was immer Entscheidung ›ist‹: Innerhalb von Organisationssystemen kommt sie nur als Kommunikation zustande. Für uns ist demnach die Entscheidung ein kommunikatives Ereignis und nicht etwas, was im Kopf eines Individuums stattfindet.« Luhmann: Organisation und Entscheidung, S. 141.

67 Vgl. Luhmann: Soziale Systeme, S. 401–403.

Das zweite Alleinstellungsmerkmal der Organisation, die Mitgliedschaftsregel, resultiert ebenso aus der operativen Geschlossenheit des Systems und dient der Integration der Person – im Unterschied zu Begriffen wie ›Individuum‹ oder ›Mensch‹ bei Luhmann als die der Systemkommunikation durch strukturelle Kopplung verfügbare, thematisierbare »funktionsfähige Komplexität« verstanden. Die Mitgliedschaft setzt die Annahme gewisser Verhaltensweisen voraus, macht also entscheidungskonforme Selektionen und damit die Weiterführung der getroffenen Entscheidungen erwartbar. Der Person als Inhaber einer bestimmten Stellung innerhalb der Organisation können Motive und Entscheidungen zugerechnet werden – und im Falle einer Nichtannahme der Entscheidungsprämissen wird die Stelle unter Umständen durch eine neue Person besetzt. Die Formalisierung der Organisationszugehörigkeit setzt die Anerkennung bestimmter Entscheidungen voraus und ›bündelt‹ die von Entscheidungsoperationen benötigte Komplexität, ohne die Bedingungen ihrer Integration in das System stets neu ›verhandeln‹ zu müssen.[68]

2.2.2 Das Paradox der Entscheidung

Wie jeder Beobachtung liegt der Entscheidung – insofern man sie als rein punktuelles Ereignis beobachtet – ein Paradoxon zugrunde, wobei Luhmann das Gewicht auf die ursprüngliche Wortbedeutung *para doxos* – ›Gegen die Lehre‹ (das gewöhnliche Wissen) – legt. Die Beobachtung als Treffen einer Unterscheidung setzt stets das re-entry des Spencer-Brownschen Formenkalküls in Form einer Selbstreferenz in der System/Umwelt-Differenz voraus, um die Umwelt, in welcher unterschieden wird, zu bezeichnen. Der dadurch erzeugte infinite Regress wird nur durch den Prozesscharakter der Autopoiesis aufgelöst – also der zeitlichen Ausdehnung und damit Entfaltung der Paradoxie »Bezeichnung des nicht-Bezeichneten« – in die Oszillation der Operation zwischen Selbstreferenz und Fremdreferenz und den damit verwendeten Bezug auf erinnerte Operationen der Selbstreferenz in der Fremdreferenz.[69] Die Entscheidung hingegen wird für Beobachter erst dann zur Entscheidung, wenn die an sie angelegten Parameter mehr als eine Lösung zulassen, also mehrere Alternativen bestehen, die als ›Lösungen‹ des zu Entscheidenden prinzipiell gleichwertig sind. Sie kommuniziert also

---

68 Vgl. Luhmann: Organisation und Entscheidung, S.110.
69 Vgl. ders.: Einführung, S.126–128.

eine Unterscheidung, deren zwei Seiten gleichermaßen erreichbar sind, und schließt die Alternative ein, die durch sie ausgeschlossen wird.

Entscheidungsparadoxien sind unentscheidbar, weil jede Entscheidung ihr Gegenteil enthält. Aber Unentscheidbarkeiten im Sinne Gödels sind zugleich die Voraussetzung für die Möglichkeit des Entscheidens, sie können überhaupt nur durch Entscheidung aufgelöst werden. »Only those questions that are in principle undecidable, we can decide«.[70]

Dass die Kontingenz einer Entscheidung in jeder Entscheidungskommunikation mitgeführt wird, wirkt sich auf die Akzeptanz ihrer Selektion innerhalb der Organisation aus, da sie ihre ›Kritik‹ selbst liefert. Um die Dekonstruktion ihrer Operation zu verhindern und die weitere Anschlussfähigkeit ihrer Reproduktion sicherzustellen, muss jede funktionsfähige Organisation entsprechende Strukturen ausbilden, um die Annahmewahrscheinlichkeit der getroffenen Entscheidungen zu erhöhen.[71] Diese Entfaltung des Paradoxes wird dabei durch Entscheidungsprämissen geleistet, die als Strukturelemente auch aus Kommunikationen des Systems bestehen können, die nicht als Entscheidungen markiert wurden. Entscheidungen können so durch Zuschreibungen an Entscheider und die durch den Aufbau der Organisationen den jeweiligen Stellen zugeschriebenen Kompetenzen oder Weisungsbefugnisse mittels der formalen Organisation von Macht legitimiert werden. Auch ein Verweisen auf systemexterne Kausalzusammenhänge könnte als ›Ursprung‹ der Entscheidung angeführt werden, sowie eine Reihe weiterer struktureller Programme der organisationalen Kommunikation. Tatsächlich lassen sich die konkreten Strategien der ›Verschiebung‹ des Entscheidungsparadoxons nur in der konkreten Beobachtung einer einzelnen Organisation festlegen.[72] Für einen Beobachter wird, wie auch im analog angelegten Paradox der üblichen sozialen Kommunikation, das Entscheidungsparadox

---

70 Luhmann: Organisation und Entscheidung, S.132.
71 Auch Morten Knudsen weist auf die Wichtigkeit hin, das Konzept der paradoxen Entscheidung in Organisationen stets als beobachtendes Werkzeug zu verstehen: »Here, it is important to understand the manner in which the concept of the paradoxicality of decision functions as a means of generating observations, rather than as a description of reality ›out there‹.« Knudsen, Morten: Displacing the Paradox of Decision making. The management of contingency in the modernization of a Danish county. In: Niklas Luhmann and Organization Studies (Advances in Organization Studies 14). Hrsg. von David Seidl und Kai Helge Becker. Kopenhagen: Liber & Copenhagen Business School Press 2005, S.111.
72 Vgl. ebd., S.120.

zumeist nur durch eine Störung des Prozesses in Form einer als unzuläng-lich oder fehlerhaft behandelten Entscheidung offenbar. Das hochselektive Systemgedächtnis hält in der Regel nur jene »Informationsverarbeitungs-kondensate« als Struktur für zukünftige Operationen bereit, die durch die ausgewählte Seite der Entscheidung markiert wurden, was die Ex-Post-Lo-kalisation von bestimmten Entscheidungsalternativen – bzw. den Bedingun-gen ihrer Nichtmarkierung – erschwert (siehe als Beispiel für die Schwierig-keiten solcher Introspektive auch die ›organisationale Trägheit‹ Kap. 3.1.).[73]

2.2.3 Unsicherheitsabsorption und Entscheidungsprämissen

Wie auch in anderen organisationstheoretischen Modellen sieht Luh-mann – im Hinblick auf die dem Entscheidungsprozess inhärenten Unsi-cherheiten – eine der Hauptaufgaben der Organisationen in der Absorpti-on dieser Unsicherheit, welche in der Organisationstheorie für gewöhnlich als Mechanismus der Hierarchie angelegt wird, um stabiles und absehbares kollektives Handeln innerhalb der Strukturen (Elemente und deren Relatio-nen innerhalb der Organisation) zu ermöglichen.[74] Luhmanns Umstellung der Organisation auf ein autopoietisches Paradigma enthält das Konzept ei-ner Unsicherheitsabsorption zum einen als Garant für die externe Adres-sierbarkeit und Stabilisation gesellschaftlicher Funktionen in der struktu-rellen Kopplung mit der Umwelt durch die Komplexitätsreduktion der nun als kommunikatives System gefassten Organisation. Andererseits wird Unsi-cherheitsabsorption auch in Bezug auf das akkumulierte ›Wissen‹ der Orga-nisation verwendet. Der Begriff der Unsicherheit wird dann als Einheit der Differenz des von der Organisation erworbenen Wissens und Nichtwissens auf die Lernprozesse der Organisation bezogen. Unsicherheit ist dabei nicht,

> *wie im alltäglichen Sprachgebrauch, als ein dysfunktionaler Zustand zu begreifen [...], der nach Möglichkeit zu beheben sei. Im Gegenteil: Fortbestehende und immer wieder neu generierte Unsicherheit ist die wichtigste Ressource der Autopoiesis des Systems. Denn ohne Unsicher-heit bliebe nichts zu entscheiden, die Organisation fände im Zustand*

---

73 Vgl. Luhmann: Einführung, S. 146 f.
74 Vgl. Simon, Herbert A. und March, James G.: Organization. 2. Aufl. Hoboken: Wiley-Blackwell 1993, S. 186 f.

kompletter Selbstfestlegung ihr Ende und würde mangels Tätigkeit aufhören zu existieren.[75]

Die Unsicherheitsabsorption verbindet Entscheidung mit Entscheidung, indem sie die Gründe der Entscheidung von dieser subtrahiert. Die ursprünglich von Simon und March vorgeschlagene Definition dient auch Luhmann als Ausgangspunkt für sein Konzept: »Unsicherheitsabsorption findet statt, wenn aus einer Sammlung von Beweismaterial Schlüsse gezogen werden und die Schlussfolgerungen statt des Beweismaterials kommuniziert werden.«[76] Die Trennung von Entscheidungen und deren Prämissen findet im Systemgedächtnis statt (s. Kap. 2.1), dessen Selektivität in der Komplexität der Organisation begründet liegt. Erstens kann in der Organisation nicht jede Entscheidung auf jede weitere bezogen werden, ohne dabei die Informationsverarbeitungskapazitäten des Systems zu überfordern. Zweitens können die Begründungen für Entscheidungen, die zumeist in der Beobachtung von und der strukturellen Koppelung mit einer überkomplexen Umwelt liegen, nicht in allem Umfang gespeichert werden. Luhmann übernimmt eine Zuspitzung H. A. Simons, um das komplexe Prozessieren der Organisation zu beschreiben, indem er in Organisationen »nicht-triviale historische Maschinen« sieht, die sich in Bezug auf einen Ausgangszustand in nichtvorhersagbarer Weise durch ihr eigenes Prozessieren in einen neuen Zustand versetzen. Dem Systemgedächtnis fällt in dieser Metapher die Rolle des Programmspeichers zu, der die nötigen Informationen über den Ausgangszustand speichert und die unnötigen nicht.[77]

Die Reduktion des Möglichkeitsraumes für zukünftige Entscheidungen durch die Festlegung einer bestimmten Vergangenheit erlaubt es der Organisation, durch ihr in der Unsicherheitsabsorption ›kanonisiertes‹ Wissen, eine nach ihren eigenen Parametern prognostizierbare Zukunft zu erzeugen. Da diese Zukunft jedoch auf einem Systemgedächtnis aufbaut, das ebenso selektiv vergisst wie es erinnert, sind die Entscheidungen der Organisation maximal auf eine »bounded rationality«[78] gestützt, die niemals über vollständige

---

75 Luhmann: Organisation und Entscheidung. S. 186.
76 Hier zitiert nach Simon, Fritz B.: Einführung in die systemische Organisationstheorie. 5. Aufl. Heidelberg: Carl-Auer 2015, S. 67.
77 Vgl. Luhmann: Organisation und Entscheidung, S. 230.
78 Herbert A. Simons Versuch, die Zweckrationalität für kollektives Handeln mit dem Konzept eingeschränkter Rationalität zu ›retten‹, stützte sich auf Untersuchungen, die ergaben, dass Unternehmensentscheidungen in der Regel nicht nach Kriterien der besten Lösung getroffen wurden,

Informationen verfügen kann (s. Kap. 2.2.4). Die Unsicherheit über Information und ihre Verarbeitung bleibt dabei jedoch zumeist verdeckt und ist stets als sozialer und emergenter Prozess zu denken, dem ein organisationseigenes Narrativ der »illusion of control« gegenübersteht, der sowohl innerhalb der Organisation die Annahme der Entscheidungen stützt als auch in der Außendarstellung der Organisation Sicherheit signalisieren soll.[79]

Die Anwendung von Entscheidung auf Entscheidung bildet so den ›Beobachtungsrahmen‹ der Organisation, mithin ihre kognitive Struktur in Form von Entscheidungsprämissen, die sich in verschiedenen Ausformungen an der Operation des Systems beteiligen und dessen Informationslast sie auf ein leistbares Format reduzieren. Die Wiederholbarkeit dieser auf struktureller Ebene relativ stabil bestehenden und für gleichartige Entscheidungen verfügbaren Prämissen schafft sowohl Redundanzen und Vereinfachungen als auch eine zusätzliche Instanz der Kontrollierbarkeit von getroffenen Entscheidungen. Anhand der durch die Prämissen festgelegten Kriterien lassen sich zurückliegende Entscheidungen bemessen, aber auch die Prämissen können geändert werden, um zukünftige Entscheidungen zu beeinflussen. Luhmann unterscheidet – wiederum in Erweiterung des Organisationsmodells H. A. Simons – drei Typen von selbstreferentiellen und entscheidbaren Entscheidungsprämissen, die die Koordination eines komplexen Systems als Planung der Operation vereinfachen.[80]

Programme dienen in Form von Zweck- oder Konditionalprogrammen als ›Regelwerk‹ der Entscheidung, das für bestimmte Situationen einen mehr oder minder definierten Entscheidungsraum vorgibt. Der Einfluss von Programmen wird besonders bei seriellen Entscheidungen deutlich, d. h. bei frequentem Aufruf von bestimmtem organisationalen Wissen.[81]

Kommunikationswege definieren auf bestimmte Stellen bezogene Verantwortungsbereiche sowie die in der Hierarchie der Organisation angelegten Entscheidungsabfolgen. Diese ›formale Organisation‹ von Kompetenzen bildet durch Über- bzw. Unterordnung für den jeweiligen Inhaber einer Stelle

---

sondern lediglich Lösungen gesucht wurden, die alle Stakeholder angemessen befriedigen. Die Rationalität wird im Nachhinein durch ›sensemaking‹ als Legitimation der Entscheidung entworfen. Vgl. Simon: Einführung in die systemische Organisationstheorie, S. 31.

79 Vgl. Luhmann: Organisation und Entscheidung, S. 188.
80 Vgl. Simon: Einführung in die systemische Organisationstheorie, S. 70 f.
81 Vgl. ebd.

die Prämisse von Entscheidung. Die formale Position bestimmt den Zuständigkeitsbereich unabhängig von der Person des Stelleninhabers.[82]

Personen- bzw. Personalentscheidungen können der Organisation Entscheidungen – bei einer bereits gut etablierten strukturellen Kopplung mit Stelleninhabern – erwartbarer machen oder auch für neue Irritationen und damit zum Aufbrechen von Routinen führen, etwa bei einer Neubesetzung einer Stelle.[83]

Entscheidungsprämissen heben dabei jedoch weder die nicht-triviale Anlage der Organisation auf, noch entkoppeln sie das System von der Komplexitätsintegration aus der Umwelt (kausale Öffnung des Systems), da

das Verhältnis von Prämisse zur Entscheidung weder ein logisches noch ein kausales Verhältnis ist. Weder kann die Entscheidung aus ihren Prämissen deduziert werden; noch sind die Prämissen die Ursache der Entscheidung, sodass das System durch Festlegung von Prämissen kausal geschlossen werden könnte.[84]

Um jene Anteile der Organisationsstruktur zu fassen, die sich der ›Planbarkeit‹ entziehen – im Sinne einer darauf gezielten Entscheidung der Organisation – aber dennoch eine Funktion der Unsicherheitsabsorption und Rahmenbildung für die Operation liefert, greift Luhmann auf den Begriff der Organisationskultur, als Komplex der unentscheidbaren Entscheidungsprämissen, zurück. Die Ausformung einer Organisationskultur basiert nicht auf zweckrationalen Abwägungen und stellt eine evolutionäre Akkumulation von Wertbindungen oder Kausalattributionen in der Kommunikation der Organisation dar, die sich zu impliziten – präskriptiven und deskriptiven – Verhaltensregeln ausdifferenzieren. Die Organisationskultur kann in ihrer Entwicklung nicht gesteuert werden und verursacht bisweilen gar Widerstand gegen Einflussnahme oder erzeugt Trägheitseffekte bei tiefgreifenden organisatorischen Änderungen. Sie umfasst unter Umständen mehrere distinkte oder gar widersprüchliche Kulturen welche nicht nur der weiteren Strukturierung dienen, sondern auch die Zugehörigkeit zur Organisation symbolisieren und bestätigen – den ›cultural fit‹. Für einen internen Zugriff der Steuerung bleibt die Organisationskultur zwar unerreichbar – da

---

82 Vgl. ebd.
83 Vgl. ebd.
84 Luhmann: Organisation und Entscheidung, S. 223.

unentscheidbar und aus der Systemgeschichte resultierend –, für die Bildung einer nach Außen für die Umwelt sichtbaren ›Systemidentität‹ lässt sie sich jedoch als Alleinstellungsmerkmal der dann kollektiv auftretenden Organisation kommunizieren.[85]

Auch fremdreferentiell kommt es durch Entscheidungsoperationen zur Bildung von Entscheidungsprämissen. Diese kognitiven Routinen stellen die durch die Organisation in der strukturellen Koppelung mit ihrer Umwelt gebildeten Normalerwartungen – oder in der Beobachtung zweiter Ordnung (der Beobachtung der Beobachtung/Operation von spezifischen Systemen in der Umwelt) Erwartungserwartungen – dar. Kognitive Routinen basieren auf der Wahrnehmungsleitung psychischer Systeme, werden aber vom organisierten System genutzt, um Umweltbeobachtungen zu Identitäten zu kondensieren und damit Umweltkonditionen sowie Zweck/Mittel-Abwägungen in seinen externen Beziehungen zu treffen. Kognitive Routinen erzeugen so den Entscheidungsspielraum der Organisation in ihrer Operation, der dann durch selbstreferentielle Prämissen eingeschränkt wird.[86]

Kognitive Routinen sind selbst das Ergebnis von Prozessen der Unsicherheitsabsorption, aber das System behandelt sie nicht als selbstkonstruierte Artefakte, sondern gewährt ihnen gleichsam Realitätskredit. Anders könnten sie ihre Entlastungsfunktion nicht erfüllen, sondern müssten als Eigenleistung ohne Rückhalt in der Umwelt mitgeführt werden. Das System errechnet gleichsam seine Umwelt aus der Möglichkeit der wiederholten Anwendbarkeit derselben Routinen und übersieht dabei, dass schon die Wiederholung in immer anderen Situationen die paradoxe Form der eigenen Beobachtungsoperation ist.[87]

2.2.4 Rationalität

Die Rationalität nimmt – im Unterschied zu Rational-Choice-Ansätzen oder auch den Modellen begrenzter Rationalität in der ›Theory of the Firm‹ – in der systemischen Organisationstheorie nicht die Rolle eines Leitkonzeptes ein. Vielmehr sieht Luhmann die Rationalität als besonderen Modus des systeminternen Umgangs mit Umweltkomplexität. Die konventionell als Auszeichnung von Handlung wahrgenommene Rationalität subsumiert

---

85   Vgl. Luhmann: Organisation und Entscheidung, S. 245–247.
86   Vgl. ebd., S. 250–252.
87   Ebd., S. 251.

Luhmann als ein Element der kommunikativen Emergenz in sozialen Kontexten, denn die Handlung als wahrnehmbarer Vorgang wird erst durch die kommunikative Zurechnung der in ihr getroffenen Verhaltensselektionen auf Personen, Stellen oder Organisationen als beobachtbares Ereignis für soziale Prozesse operationalisiert. Handlungen und die Beurteilung ihrer Rationalität sind für soziale Systeme nur durch ihre Konstruktion in der Kommunikation unter den Bedingungen der doppelten Kontingenz, der strukturbedingten Erwartung und damit des Entscheidungsparadoxons kommensurabel.[88]

Der erstrangig bei Unternehmen vermutete Existenzgrund der Organisation, rationale Bezüge zwischen einem der Organisation zugeschrieben Zweck und den ihr zur Verfügung stehenden Mitteln zu finden – wie er etwa in den wirtschaftswissenschaftlichen Organisationsmodellen im Vordergrund steht –, wird in systemtheoretischer Betrachtung als Zuschreibung und Erwartung an Organisationen in die Domäne der psychischen Systeme verschoben – zumal im Hinblick auf die systeminternen Konstrukte von Umweltbeobachtungen und Zukunft auch dort nur von einer bounded rationality, einer selektiven Repräsentation der Realität, ausgegangen werden kann.[89] Eine Zweckrationalität auf die gesamte Organisation zu beziehen, impliziert einen direkten Durchgriff der hierarchischen Stellen auf die Entscheidungen aller Bereiche des Systems, welcher jedoch durch die Strukturdeterminiertheit der Entscheidung und die hohe Komplexität der in Organisationen simultan ablaufenden Entscheidungsprozesse nicht gegeben sein kann. Auch verfolgen Organisationsmitglieder in aller Regel unterschiedliche Ziele mittels ihrer Mitgliedschaft, die lediglich durch den gemeinsamen Nenner der Operationserhaltung, also der Fortsetzung der Autopoiesis, des Systems verbunden sind.[90]

Die Form, in der sich die von ihrer Umwelt erwartete Rationalität im System manifestieren kann – also welche Form die Organisation wählen kann, aus einer selektierten Vergangenheit eine in ausreichendem Maße prognostizierbare Zukunft zu konstruieren, um den Fortbestand der Systemopera-

---

88 Vgl. Schneider, Wolfgang Ludwig: »Rationalität« in Luhmanns Systemtheorie. In: Die Rationalität des Sozialen. Hrsg. von A. Maurer und U. Schimank. Wiesbaden: Springer 2011, S. 66 f. DOI: 10.1007/978-3-531-94118-9_4 [27.02.2017].

89 Luhmann verweist auf empirische Untersuchungen, die aufzeigen, dass die in der Wirtschaft tatsächlich vorzufindenden Entscheider sich nicht an die in den Modellen klassischer Rationalität entwickelten Richtlinien halten. Vgl. Luhmann: Organisation und Entscheidung, S. 450.

90 Vgl. Simon: Einführung in die systemische Organisationstheorie, S. 31 f.

tionen[91] möglichst wahrscheinlich werden zu lassen –, bezeichnet Luhmann als Systemrationalität. Diese besteht insbesondere darin die notwendige Komplexität innerhalb des Systems bereitzustellen, um die Kommunikation mit den spezifisch unverzichtbaren Anteilen der relevanten Umwelt des Systems aufrechtzuerhalten. Systemrationalität stellt so eine Überführung des ›Requisite Variety‹-Problems (s. Kap. 2.2.1) von der Außenseite der System/Umwelt-Differenz auf die Innenseite der Unterscheidung dar. Die erforderliche Vielfalt der Entscheidungsmöglichkeiten wird nun nicht länger gegenüber einer überkomplexen Umwelt, sondern durch die vom System selbst in evolutionärem Prozess als relevante Umwelt selektierten Beobachtungen und Beobachtungserwartungen ausgebildet. Das System reagiert also auf die angetroffenen Erwartungen an rationales Handeln durch die Umwelt (Markt, Mitglieder, Stakeholder u. Ä.) mit einer als angemessen angenommenen Steigerung der internen Komplexität, um Unsicherheit zu absorbieren. Konstatierte Zweckrationalitäten sind so Substitute für solche Erwartungserwartungen und legitimieren die Mittelwahl der Organisation in ihrem sozialen Kontext.[92]

Luhmann verneint mit dieser Fassung von Rationalität jedoch nicht, dass Entscheidungen aufgrund von rationalen Erwägungen getroffen werden, sondern lediglich, dass die verwendete Rationalität stets eine innerhalb des Systems generierte Verweisung auf die Bedingungen des Systems ist, und immer unter den Bedingungen der kognitiven Routinen und selbstreferentiellen Beobachtungsräume des Systems zustande kommt. Dass Rationalität also immer beobachtungsabhängig und in Bezug auf die Umwelt des Systems eine Zuschreibung und Legitimierungsstrategie der selektierten Entscheidung verbleibt, wird deutlich an der Fassung der sozialen (Re-)Konstruktion der Kausalität – der Verbindung von Zweck und Mittel durch ein Ursache-Wirkungs-Schema:

Als bekannt kann gelten, dass der Begriff der Kausalität einen Endloshorizont immer weiterer Ursachen und einen zweiten Endloshorizont immer weiterer Wirkungen vorstellt. In diesem Horizont ist

---

91 Fritz B. Simon weist darauf hin, dass die Bezeichnung ›Zweck‹ für die Fortsetzung der Autopoiesis allerdings problematisch ist, da es sich um keine bewusste Zwecksetzung durch ein absichtsvolles Subjekt, sondern um eine evolutionäre Bedingung der Stabilität der prozessualen Organisationsform handelt, welche es erscheinen ließen, ›als ob‹ sie diesen Zweck verfolgten. Vgl. Simon: Einführung in die systemische Organisationstheorie, S. 32.

92 Vgl. Schneider: »Rationalität« in Luhmanns Systemtheorie, S. 76.

jede Ursache zugleich eine Wirkung und umgekehrt. Deshalb muss eine Zurechnung von bestimmten Ursachen auf bestimmte Wirkungen erfolgen. Das setzt eine logische Trennung von Ursachen und Wirkungen voraus und kann nur selektiv, nur durch Außerachtlassen anderer Ursachen und anderer Wirkungen erfolgen. Jede Kausalaussage bleibt daher relativ auf einen Beobachter, der so und nicht anders zurechnet, und dafür mag es mehr oder weniger Konsens und mehr oder weniger Garantie für Wiederholbarkeit geben.[93]

Zusammenfassend kann festgehalten werden, dass Entscheidungen von Organisationen – und insbesondere wirtschaftlichen Unternehmen – sich nicht direkt aus den Vorgaben einer überkomplexen Umwelt ableiten lassen, da die Bearbeitung dieser Informationen eine Eigenkomplexität erfordern würde, die der Komplexität der Umwelt entspräche. Um diese bereits eingeschränkte Rationalität – die sich innerhalb eines Systems propagieren muss, welches selbst seine inneren Zustände zu keinem Zeitpunkt vollständig erfassen und nur selektiv post festum rekreieren kann – von einer aus einem Möglichkeitshorizont gewählten Ursache auf eine ebenso gewählte Wirkung in einer unbekannten Zukunft zu übertragen, wählen Organisationen ein zweistufiges Verfahren: Sie schränken den Entscheidungsspielraum mithilfe bewährter Entscheidungsprämissen möglichst weit ein und beurteilen die Ergebnisse ihrer Entscheidungen nicht nach den Kriterien einer Maximierung, sondern ob ein ausreichendes, den Zuschreibungen der relevanten Umwelt und dem Anspruch der eigenen Fortexistenz genügendes Ergebnis erzielt wurde. Rationalität wird von Luhmann als Modus der Disposition über Komplexität gedeutet, wobei Komplexität für die Organisation Zwang zu kontingenter Selektion unter Bedingungen der Unsicherheit bedeutet. Rationalität ist deshalb kein Optimierungskalkül, sondern ein evolutionär ausgebildeter Gebrauch geeigneter Strategien der Unsicherheitsabsorption.[94]

---

93 Luhmann: Organisation und Entscheidung, S. 452.
94 Vgl. Schneider: »Rationalität« in Luhmanns Systemtheorie, S. 76.

3 ANSÄTZE ZUR SYSTEMTHEORETISCHEN ANALYSE DER PROGRAMMBILDUNG

Aus den vorangegangenen Ausführungen geht hervor, dass auf das Verlagsprogramm in einer systemtheoretischen Darstellung nicht ausschließlich im Sinne eines einzelnen Formbegriffs wie dem ›Katalog der Verlagsveröffentlichungen‹ verwiesen werden kann, um der Rolle des Programmes in der Konstitution des Verlages als soziales System gerecht zu werden. Vielmehr muss es als kommunikatives Thema und rekurrierende Sinnverweisung aufgefasst werden, auf die Entscheidungen der Organisation fortlaufend zurückgreifen können. Auch ist die Entstehung des Programmes in systemtheoretischer Perspektive nicht von der Rationalität eines Zweck/Mittel-Schemas abhängig. Es entsteht heterarchisch durch den emergenten Strukturaufbau im Systemgedächtnis und wird je nach zugeschriebenem Erfolg/Misserfolg seiner Aktualisierungen in den Beobachtungen des Systems um- oder neu aufgebaut. Als Anteil der Systemidentität lässt sich ein Programm als zeitliche Verweisung fassen, welche implizit Erwartungsstrukturen aufruft, für die gegenwärtige Operation gebündelt bereitstellt und wiederum eine Anwendbarkeit auf zukünftige Entscheidungen erwartbar macht. Das Programm muss, um den Vorgaben einer sozialen Einbettung der Organisation Verlag im Rahmen der Systemtheorie Luhmanns gerecht zu werden, als soziale Konstruktion betrachtet werden, die in der Entscheidungskommunikation des Verlages entsteht. Der Verlag kommuniziert über seine vergangenen Entscheidungen, seine in der Zukunft liegenden Ziele und über seine Identität und bildet zur Komplexitätsreduktion rekursiv ein Verlagsprogramm als Thema, als

Entscheidungsprämisse und Kommunikationsangebot an die relevante Umwelt des multireferenten Systems Verlag aus.[95]

Diese abstrakte Charakterisierung dürfte für konkrete Forschungsfragen in der Buchwissenschaft jedoch nur schwer handhabbar sein. Im Folgenden sollen daher drei Vorschläge für eine Perspektivierung des Entscheidungskontextes erläutert werden, die systemtheoretische Grundlagen für die Fassung konkreter Beschreibungen zugänglich machen. Dabei soll beispielhaft nach Aspekten der Organisationanalyse gefragt werden, die als Grundlage für die Bildung eines Verlagsprogrammes in einer strukturgebundenen Organisation dienen können, wenn die klassische Zweck/Mittel-Rationalität lediglich als legitimatorischer Narrativ der Unsicherheitsabsorption veräußert wird.

3.1 Das Programm als Ergebnis organisationaler Strukturbildung

Das Paradigma des ›history matters‹ – der Bedeutung von organisationaler Geschichte – ist nicht ausschließlich in der Systemtheorie vorzufinden, sondern spielt auch in einer Reihe anderer organisationstheoretischer Modelle eine exponierte Rolle. Besondere Popularität hat für solche Untersuchungen der Begriff der Pfadabhängigkeit gewonnen, dessen Grundannahmen einer emergenten Organisationsentscheidung, deren Prämissen den Mitgliedern einer Organisation aufgrund hoher Umweltkomplexität und -dynamik nicht durch eine ›objektive Rationalität‹ zugänglich sind, weisen mit jenen der Systemtheorie offensichtliche Parallelen auf. Die Pfadabhängigkeit vermag im Unterschied zu anderen Modellen wirtschaftlicher Rigidität oder Trägheit, wie etwa die Konzepte des ›Imprinting‹, der ›Structural Inertia‹ oder der ›organisationalen ›Lerntrajektoren‹, verschiedene Analysedimensionen zu vereinen und mittels dem Grundgerüst der Systemtheorie übertragbare Ergebnisse zu liefern.[96]

---

95 »Multireferenzialität« von Organisationen bezeichnet die notwendige Beobachtung der für die Organisationsoperation bedeutenden Umwelten, die für alle Organisationen, aber insbesondere für Unternehmen der Wirtschaft, aus mehr als einem Funktionssystem der Gesellschaft bestehen. Im Falle von Verlagen wird dies besonders deutlich, da ein typischer Verlag nicht nur den Veränderungen des Wirtschaftssystems, sondern – je nach Ausrichtung – auch jenen des Rechtssystems, dem System der Massenmedien oder dem System der Kunst ausgesetzt ist und deren Kommunikation beobachten muss – respektive deren symbolisch generalisierte Kommunikationsmedien prozessieren muss. Vgl. Drepper: Organisation der Gesellschaft, S. 130.

96 Für eine Dar- und Gegenüberstellung einer Auswahl der gängigsten Modelle organisationaler Trägheit sowie eine Beurteilung der Vorzüge der systemischen Pfadabhängigkeitstheorie. Vgl. Holtmann: Pfadabhängigkeit strategischer Entscheidungen, S. 51–64.

3.1.1 Die Theorie der Pfadabhängigkeit

Das Phänomen der Pfadabhängigkeit wurde erstmals durch den Wirtschaftsmathematiker W. Brain Arthur sowie den Wirtschaftshistoriker Paul A. David in den frühen 1990er Jahren beschrieben. Im Kern der Theoriebildung Davids und Arthurs stand dabei die wirtschaftshistorische Beobachtung, dass sich in Konkurrenzsituationen häufig nicht effizientere Technologien durchsetzen, sondern dass bereits auf dem Markt etablierte Technologien eine höhere Persistenz gegenüber vermeintlich besseren Lösungen aufweisen als dies basierend auf Rational-Choice-Modellen zu erwarten wäre. Das ursprüngliche Konzept führte den Erfolg bestimmter technologischer Innovationen auf ›increasing returns‹ zurück – strukturbedingte, selbstverstärkende Prozesse. Dabei kann die gestiegene Anwendung einer Technologie in Herstellung, Vertrieb und Konsum unter gewissen Umständen die Bedingungen ihrer fortgesetzten Anwendung positiv verstärken und damit einen ›Pfad‹ schaffen, der zu einer eingeschränkten Entscheidungsfreiheit der Marktakteure führt und selbst auf einem prinzipiell funktionalen Markt zu einer Verletzung der – aus der ahistorischen Perspektive der neoklassischen Theorien formuliert – ›optimalen Marktselektionen‹ führen.[97]

Die Bedingung für positive Rückkopplungen, welche zu pfadabhängigen Entscheidungssituationen führen können, klassifizierte Arthur in vier Gruppen. Erstens hohe Startkosten respektive Fixkosten, die mit technologischer Innovation verbunden sind und bei bereits im Markt präsenten Technologien aufgrund von Skaleneffekten geringer ausfallen. Zweitens Lerneffekte in Bezug auf verwendete Produkte oder Technologien bei Marktteilnehmern, welche die Kosten der Innovation als zu hoch oder die Verwendung der vorhandenen Produkte als kostengünstiger erscheinen lassen. Drittens Koordinationseffekte zwischen Marktteilnehmern, die sich aus dem Treffen gleichartiger Entscheidungen durch verschiedene ökonomische Akteure und damit einhergehenden wechselseitigen Komplementaritäten ergeben. Viertens adaptive Erwartungen des Marktes hinsichtlich einer zukünftigen Verbreitung des Produktes, die von seiner gegenwärtigen Anwendung abhängt.[98]

Entscheidungen, die im Kontext solcher Rückkopplungseffekte entstehen, weisen Selektionsanomalien im Vergleich mit Entscheidungen, die unter den

---

97 Vgl. Beyer, Jürgen: Pfadabhängigkeit. In: Handbuch Policy-Forschung. Hrsg. von G. Wenzelburger und R. Zohlnhöfer. Wiesbaden: Springer 2015, S. 150 f.

98 Vgl. Arthur, W. Brian: Increasing Returns and Path Dependence in Economics. Ann Arbor: University of Michigan Press 1994, S. 112 f.

Bedingungen von stabilen oder sinkenden Nutzenindikatoren getroffen werden, auf. Die Alternativwahl ist nicht mehr primär durch die (Kosten-)Effizienz der jeweiligen Möglichkeiten bestimmt, sondern kann durch geringfügige Ereignisse oder Zufälligkeiten (small events) determiniert werden, da ein einmal eingeschlagener Entwicklungspfad (critical juncture) in dieser Situation jeweils verstärkt wird. Die in diesem Modell nach einer Phase moderat eingeschränkter Entscheidungen folgende End- oder Eskalationsphase – auf der das Hauptaugenmerk der Untersuchungen Arthurs und Davids als Signifikant der Pfadabhängigkeit lag – ist das »Lock-In«, ein ökonomischer Gleichgewichtspunkt, der ein lediglich lokales Optimum darstellt, das zu verlassen für einzelne Akteure aufgrund unmittelbarer Kosten kaum möglich ist, zu welchem jedoch (makroökonomisch) effizientere Alternativen bestehen würden.[99]

Das womöglich prominenteste Beispiel für ein dominantes technologisches Muster, das durch einen marktdeterministischen Charakter zu ›hyperstabilen‹ Marktgleichgewichten im Sinne der Pfadabhängigkeit geführt hat, beschreibt David mit der Einführung der Qwerty-Tastaturauslegung (auf der auch die für deutschsprachig Tastaturen ausgelegte Qwertz-Anordnung basiert). Die 1867 patentierte Anordnung der Tasten auf mechanischen Schreibmaschinen wurde erstrangig so gewählt, dass sich die in der englischen Sprache meistverwendeten Buchstaben in ihrem Zentrum befanden, was Störungen durch ein Verhaken der Typenblätter möglichst verhindern sollte. Diese Anforderung wäre durchaus auch durch andere Anordnungen erfüllbar gewesen, jedoch hatte Qwerty gegenüber jenen den Vorteil, dass zur Demonstration der Schreibmaschine in etwaigen Verkaufsgesprächen das Wort ›typewriter‹ schnell und nur durch Gebrauch der obersten Tastenzeile eingegeben werden konnte. Qwerty setzte sich durch eine anfänglich intensiv betriebene Vermarktungskampagne und das zufällig zur gleichen Zeit entstehende Zehnfingersystem am Markt durch und behält bis heute ein technisches Quasi-Monopol, obwohl die ursprünglichen Effizienzbedingungen spätestens mit dem Aufkommen digitaler Textverarbeitung in die Obsoleszenz gerieten. David fügte dem Konzept Arthurs zur Entstehung von technologischer Pfadabhängigkeit die Dimension der Sequenz hinzu, denn neben Skalen- und Lerneffekten (Kosten eines Technologiewechsels bzw. die Verbreitung eines komplementären Schreibsystems) führt auch die Irreversi-

---

99 Vgl. Beyer: Pfadabhängigkeit, S. 151.

bilität der Ereignisse (hier Investition in Kosten und Kompetenzen) zu einer Verstärkung des lokalen Optimums in non-ergoden (nicht ex ante bestimmbaren) dynamischen Systemen.[100]

Jenseits der Analyse von technologisch-makroökonomischen Prozessen wurde das Konzept selbstverstärkender Pfade auch in anderen wissenschaftlichen Kontexten aufgenommen und erfuhr eine deutliche Erweiterung und Umdeutung. Eine erste Anwendung auf organisationale Zusammenhänge nahm Douglass C. North vor, der die Pfadabhängigkeit innerhalb eines neoinstitutionalistischen Ansatzes für die Erklärung von Ineffizienz bei institutionellem Wandel im Vergleich zwischen verschiedenen nationalökonomischen Systemen zugrunde legte. North übernahm die Ausgangsbedingung der »increasing returns«, welche als notwendig, aber nicht wie bei Arthur als hinreichend gelten. Als weitere Bedingungen werden Marktunvollkommenheit bzw. die Existenz von Transaktionskosten und die begrenzte Rationalität der Akteure eingeführt.[101]

3.1.2 Organisationale Pfadabhängigkeit

Konzepte der Pfadabhängigkeit in Organisationen beziehen sich auf die dynamischen Prozesse der Entscheidungen einer Organisation, welche unter bestimmten Bedingungen in Sequenzen selbstverstärkender Prozesse resultieren und – durch intern erzeugte (endogene) oder extern wirkende (exogene) Einflüsse – dann innerhalb eines ›Pfades‹ im Sinne eines progressiv begrenzten Entscheidungsspielraumes stattfinden. Mit abnehmender Entscheidungsfreiheit kann im Falle einer dysfunktionalen Pfadabhängigkeit eine für die Organisation nachteilige, da hinsichtlich der Organisationstätigkeit Ineffizienzen begünstigende, Situation entstehen, die analog zu technologischen Pfadabhängigkeiten ein lokales Optimum darstellt, welches nur durch ein mehr oder minder schwerwiegendes Eingreifen in die Arbeitsabläufe der Organisation verlassen werden kann.[102]

Der Verlauf der Pfadentstehung lässt sich anhand seiner kausalen Zuschreibungen und den potentiellen Entscheidungsfreiräumen in drei Phasen einteilen: Von einer prinzipiell umfänglich kontingenten Entscheidung

---

100 Vgl. Holtmann: Pfadabhängigkeit strategischer Entscheidungen, S. 29.

101 Vgl. Beyer, Jürgen: Pfadabhängigkeit. Über institutionelle Kontinuität, anfällige Stabilität und fundamentalen Wandel (Schriften aus dem Max-Planck-Institut für Gesellschaftsforschung Köln 56). Frankfurt: Campus 2006, S. 19.

102 Vgl. Sydow, Jörg/Schreyögg, Georg/Koch, Jochen: Organizational Path Dependence. Opening the Black Box. In: Academy of Management Review 34 (2009) 4, S. 689–691.

als Ausgangsbasis über eine Phase finiter, sich ausdifferenzierender Entscheidungsmuster hin zu einer geschlossenen Pfadabhängigkeit eines solitären Lock-In auf eine dominante, selbstverstärkende Entscheidungsdeterminante. Die *präformative Phase* kennzeichnet sich durch das Vorhandensein vieler offener Entscheidungsmöglichkeiten und -richtungen, die ex post betrachtet durch die Zufälligkeit des »small event« auf eine bestimmte Ausrichtung hin begrenzt werden. Da jeder Organisation eine zeitliche Determination zugrunde liegt, ist die absolute Kontingenz auch in der präformativen Phase eine idealtypische Hypothese (s. Kap. 2.2). Die *formative Phase* der Pfadabhängigkeit ist das Äquivalent zur beschriebenen »critical juncture«. Die Verknappung des Entscheidungsspielraumes wird durch das sich ausbildende Entscheidungsmuster verstärkt und die Bedeutung der Zufälligkeiten der präformativen Phase für die Entscheidungsstruktur der Organisation bildet sich aus. Die *Lock-In-Phase* zeichnet sich dann durch die erwähnte Inflexibilität der Entscheidungsprozesse aus, welche die Bedingungen ihrer eigenen Reproduktion verstärken und potentiell zu kaum behebbaren Ineffizienzen oder Insuffizienzen der Organisation in ihrer wirtschaftlichen Operation führen.[103]

Den bislang umfangreichsten Katalog der Mechanismen, die zu einer organisationalen Pfadabhängigkeit führen können und innerhalb der Strukturen die Kontinuität des Pfades stabilisieren, hat Jürgen Beyer vorgelegt. Neben den aus der technologischen Pfaddiskussion stammenden Mechanismen der »increasing returns«, Komplementarität und Sequentialität identifiziert Beyer auch Faktoren der Funktionalität von Entscheidungsmustern, die internen Machtstrukturen einer Organisation, die Notwendigkeit der Legitimation von Entscheidungen gegenüber Stakeholdern sowie Konformitätsansprüche gegenüber normativen Leitvorstellungen als kontinuitätssichernde Mechanismen der Pfadabhängigkeit.[104]

Die *Funktionalität* der Entscheidungsmuster kann dann als Diffusionsmechanismus einer dysfunktionalen Pfadabhängigkeit wirken, wenn innerorganisationale Funktionen der Entscheidungsabläufe zu ihrer Rechtfertigung herangezogen werden, die nicht zwangsläufig zu ihrer Funktionserfüllung beitragen. *Macht* respektive *Machtsicherung* verknüpft Entscheidungspraktiken mit dem formalen Aufbau der Organisation und kann zur Überlagerung von Entscheidungsprozessen durch personale Interessen an einer Kon-

---

103 Vgl. ebd., S. 691f.
104 Vgl. Beyer: Pfadabhängigkeit, S. 36.

tinuität führen. Mechanismen der *Legitimität* limitieren den Spielraum für Entscheidungen, wenn implizite oder explizite Regeln der Organisation bzw. Rechtfertigungsdruck durch Stakeholder entscheidungsbegrenzend wirken. *Konformität* bezieht sich nach Beyer auf das Konzept der institutionalisierten Leitvorstellungen neoinstitutionalistischer Ansätze, wird aber zum Beispiel nach Schreyögg auch als Ausdruck von sozialen Aspekten der Komplementarität in Netzwerkabhängigkeiten gesehen.[105]

Interorganisationale Pfadabhängigkeiten bilden eine Sonderform der exogenen Persistenz, die sowohl bei formal bestehenden Allianzen als auch durch die jeder wirtschaftlichen Organisation eigenen Vernetzungen mit anderen Organisationen entstehen. Durch das Zusammenwirken zweier jeweils potentiell pfadabhängiger Organisationen können rigide Netzwerkeffekte, etwa durch die vermeintlichen Kosten einer Neuausrichtung des Netzwerkes oder der Suche nach anderen Partnern, entstehen. Auch die Positionierung einer Organisation in einem bereits rigiden Netzwerk alleine stellt durch die Bildung persistenter interorganisationaler Routinen eine Quelle potentieller Pfadabhängigkeiten dar. Auch für informelle Netzwerke konnte empirisch nachgewiesen werden, dass die Wahl eines Partners die Wahl derselben Vernetzung wahrscheinlicher werden lässt.[106]

3.1.3 Systemtheorie und Pfadabhängigkeit

Wie zu Beginn des Kapitels erwähnt, existiert zwischen den Grundannahmen der Pfadabhängigkeit und jenen der Systemtheorie eine hohe Kompatibilität, die eine Übernahme der Pfadanalyse in ein systemtheoretisches Modell erlaubt, wie sie vornehmlich von Frank Dievernich bereits geleistet wurde.[107] Den Kern der organisationalen Pfadabhängigkeit als soziales Phänomen bildet die Entscheidungskommunikation, bzw. die selektive Reproduktion dieser in der Strukturbildung der Organisation. Diese Prozesse verbleiben dabei emergent und vom Durchgriff von Individuen auf seine Operation »hinter dem Rücken der Akteure« verdeckt.[108] Dass Entscheidungen zur

---

105 Vgl. Sydow, Jörg: Organisationale Pfade. Wie Geschichte zwischen Organisationen Bedeutung erlangt. In: Die Ökonomie der Organisation – die Organisation der Ökonomie. Hrsg. von Martin Endreß und Thomas Matys. Wiesbaden: VS Verlag 2010, S. 20.
106 Vgl. ebd., S. 19–22.
107 Für eine ausführliche Darlegung einer systemtheoretischen Pfadanalyse vgl. Dievernich, Frank E.P.: Pfadabhängigkeit im Management. Wie Führungsinstrumente zur Entscheidungs- und Innovationsunfähigkeit des Managements beitragen. Stuttgart: Kohlhammer 2007, S. 12–28.
108 Sydow: Organisationale Pfade, S. 27.

Erwartungsstruktur für weitere Entscheidungen werden, klärt die notwendige Zeitlichkeit der sequentiellen Pfadabhängigkeit, und dass die Komplexität der Organisation es nicht zulässt, alle Entscheidungen auf alle anderen zu beziehen – wodurch das selektive Systemgedächtnis eine Konstruktion vergangener Entscheidungen als Strukturelemente einer unsicheren Zukunft vornehmen muss –, deckt die Wirkung von Rückkopplungsmechanismen als »interne Dynamik [...], die zu Stabilität führt« auf.[109] Organisationen müssen die Kontingenz ihrer Entscheidungen einschränken und verwenden dazu ihre bereits getroffenen Entscheidungen. Dies kann unter gewissen Umständen, zu einer selbstverstärkenden Kette von Entscheidungsprämissen führen und somit zu einer Situation, die aus wirtschaftlicher Sicht effizientere Alternativen zulassen würde, die durch die aufgebauten Strukturen der Organisation jedoch nicht realisiert werden. Pfadabhängigkeiten sind so Sonderfälle der basalen Operation der Komplexitäts- und Strukturakkumulation bei gleichzeitiger Unsicherheitsabsorption jeder Organisation.[110]

Die endo- und exogenen Mechanismen der Pfadabhängigkeit lassen sich ebenso als Kausalzuschreibungen für die Akkumulation von Umweltkomplexität respektive die Unsicherheitsabsorption beschreiben.[111] Strukturelle Lerneffekte der Organisation sind bereits als Anteil des Umganges mit Unsicherheit beschrieben worden – wie auch die exogenen Koordinations- und Netzwerkeffekte, die aus dem Aufbau kognitiver Routinen in der strukturellen Kopplung der Organisation entstehen und so speziell aus der evolutionären Ausbildung der Organisation resultieren (s. Kap. 2.2). Ebenfalls findet sich die Komponente der adaptiven Erwartungen in den Erwartungserwartungen respektive Erwartungsprämissen wieder, was eine wesentlich flexiblere Beschreibung dieser Effekte in einer systemtheoretischen Einbettung ermöglicht. Hierbei werden auch die unentscheidbaren Entscheidungsprämissen – oder Organisationskultur – in den Blick gerückt, wie dies in einer nur auf die Entscheidungen der Führungsebene der Organisation gerichteten Perspektive möglich ist. Auch die formale Organisation und Aspekte der Steuerung einer Organisation spielen für die Pfadabhängigkeit eine Rolle, insbesondere für die Mechanismen der Legitimation der Macht oder Kon-

---

109 Dievernich: Pfadabhängigkeit im Management, S. 16.

110 Vgl. ebd.

111 Es ist wichtig festzuhalten, dass der systemtheoretische Begriff der Zuschreibung für Kausalitäten keine Aussage über die Validität derselben enthält, sondern lediglich die operativ-konstruktivistische Beschreibung einer Selektivität in einem überkomplexen Kausalhorizont darstellt und somit kein zwangsläufiges Wahr/Falsch-Schema anlegt oder gar in einen Solipsismus mündet (s. Kap. 2.2).

formität, die als Entfaltung des Entscheidungsparadoxes,[112] genau eine solche ›Verdeckung‹ der Entscheidungsalternativen vornehmen wie sie als Bedingungen der Pfadabhängigkeit angedacht sind, indem sie die Begründung der Entscheidung verschieben.[113]

Die Pfadabhängigkeit stellt in diesem Ansatz also auch einen Aspekt der Systemrationalität und damit der Systemerhaltung dar. Sie ist ein aus der Sicht der wirtschaftlichen Leistungsbeurteilung eines Unternehmens potentiell dysfunktionaler Aspekt der organisationalen Risikominimierung und begrenzter Informationsverarbeitungskapazität angesichts der hohen Komplexitätshürden, die mit Umweltbeobachtung, Systemgedächtnis und Innovation assoziiert sind.

Gerade in Verbindung mit der beobachterdependenten Perspektive der Systemtheorie auf die Vorgaben der Pfadabhängigkeit zeigen sich zwei gleichsam valide Analysemöglichkeiten hinsichtlich der zeitlichen Strukturgebundenheit organisationaler Prozesse, wie sie sich auch bereits im wirtschaftswissenschaftlichen Diskurs über den Anwendungsbereich des Modells abzeichneten. Die Übertragung ursprünglich makroökonomisch-technischer Prozesssequenzen auf die Entscheidungen sozialer Organisationen verleiht den beobachteten Ereignissen zusätzliche Polyvalenzen und Komplexität in einem Grade, der gänzlich kontingente oder in ihrer Gänze determinierte Entscheidungsabläufe höchst unwahrscheinlich werden lässt.[114] Obwohl der dargestellte ephemere und dynamische Charakter der einzelnen Entscheidung (s. Kap. 2) langfristige Perioden hoher Rigidität zwar nicht verhindert – empirische Untersuchungen über (dysfunktionale) Trägheiten in Organisationen liegen in großem Umfang vor –, ist die Gegenposition zur absolut ungebundenen Alternativwahl in Organisationen dennoch eine Idealtypik, die wie diese unter Bedingungen der Systemrationalität in keiner lebensfähigen Organisation vorkommen kann.[115] Im Anschluss an Holtmann scheint es für eine Analyse von historisch-strukturdeterminierten Trägheiten in Organisationen daher förderlich, zwischen dem Eskalations-

---

112 Zur Rolle des Paradoxes in der Pfadabhängigkeit vgl. Dievernich: Pfadabhängigkeit im Management, S. 12–15. Und zur Entfaltung des Paradoxes in der Steuerung von Organisationen vgl. Knudsen: Displacing the Paradox of Decision making, S. 115–121.
113 Vgl. Dievernich: Pfadabhängigkeit im Management, S. 18–21.
114 Vgl. Sydow/Schreyögg/Koch: Organizational Path Dependence, S. 694.
115 Die kausale Öffnung und strukturelle Kopplung jeder Organisation ist eine der Grundbedingungen ihrer Operation, was eine stets prinzipielle Veränderung von Entscheidungsprämissen durch die Umweltbeobachtung möglich macht und auch keine kontingenzlose Entscheidung zulässt. Vgl. Luhmann: Organisation und Entscheidung, S. 287.

fall des Lock-In und der Anwendung der Kategorien der Pfadabhängigkeit auf die Ursachen allgemein angelegter Trägheiten in ohnehin stets strukturdeterminierten Organisationen zu unterscheiden. Holtmann spricht von der Pfadabhängigkeit im engeren und weiteren Sinne, die beide erkenntnisleitend sein können.[116] Dabei muss auch der weitere Sinn der Pfadabhängigkeit über die reine Konstatierung eines ›history matters‹ hinausgehen und auch an sich potentielle Dysfunktionalität aufweisen, zumal die nur ex post mögliche Feststellbarkeit eines Lock-In – und daran angeschlossen die (Re-)Konstruktion eines darauf hinauslaufenden Pfades – eine Quasi-Teleologie beinhaltet, die die Anzahl der tatsächlich aufzufindenden Fälle von absolutem Lock-In stark eingrenzt und das Modell auf wenige hochspezifische Fälle beschränken würde.[117] Auf die Validität der Paradigmen der Pfadanalyse außerhalb von solcher Eskalation und dem damit verbundenen Erkenntniswert dieser, hinsichtlich der mehr ›mondänen‹ Trägheit oder Persistenz von Entscheidungsmustern weist Dievernich besonders hin:

Mit dem Blick in die Praxis ist festzustellen, dass mit dieser Form der Pfadabhängigkeit eine Situation beschrieben wird, die eher der Normalität eines organisationalen oder betrieblichen Alltags gehört, als dass sie als Ausnahme durchgehen würde.[118]

3.1.4 Pfadanalyse von Verlag und Programm

Für die Verlagstätigkeit – respektive die Bildung des Programmes gemäß den Rationalitätskontexten eines sozialen Systems – lassen sich eine Reihe von Beispielen für Ansätze einer Pfadanalyse anführen, welche zu Teilen auch bereits Gegenstand buchwissenschaftlicher Forschung sind. Die oft diagnostizierten Trägheiten in den traditioneller aufgestellten Teilen der Buchbranche, besonders im Umkreis von Digitalisierung und modernen Vertriebswegen, weist darauf hin, dass sich die Buchbranche als Ganzes als ein in nicht unerheblichem Maße rigides Netzwerk abbilden ließe. Der hohe Anteil von Konformitätsansprüchen gegenüber Marktakteuren entsteht für Verlage dabei nicht nur aus den Anforderungen des Wirtschaftssystems, sondern – etwa durch gesellschaftspolitische Maßnahmen wie die Buchpreisbindung und andere limitierende Faktoren aus dem Verlagsrecht – auch aus den

---

116 Vgl. Holtmann: Pfadabhängigkeit strategischer Entscheidungen, S. 33 f.
117 Vgl. Dievernich: Pfadabhängigkeit im Management, S. 17.
118 Ebd., S. 15.

gesellschaftlichen Funktionssystemen des Rechts und der Politik. Neben diesen exogenen Faktoren weist der Buchmarkt auch endogene Bedingungen auf, die auf eine überdurchschnittliche Rigidität seiner Strukturen schließen lässt. Die relativ geringe Größe des Marktes dürfte bei der großen Anzahl kleiner und mittlerer Unternehmen zu geringen finanziellen Spielräumen führen, was zu hohem Bedarf an Risikominimierung und der damit verbundener strikteren Unsicherheitsabsorption rigiderer, da eingeschränkter, Entscheidungsmuster führen kann. Die gleichzeitig niedrige Auswahl etwa an Vertriebspartnern im Zwischenbuchhandel oder Onlinevertrieb stellt ebenfalls eine potentielle Quelle rekursiver Netzwerkeffekte und Koordinationseffekte dar.

Desgleichen sind produktinhärente Faktoren organisationaler Trägheit im Verlag aufzufinden, die direkt mit den Rationalitäten der Programmbildung interagieren. Das Buch als Vertrauens- bzw. Erfahrungsgut erzeugt besondere Erwartungen an markenartige Indikatoren auf der Kundenseite, zu denen auch die extern kommunizierte Systemidentität des Verlages zählen kann (s. Kap. 3.3). Ein Antizipieren solcher Erwartungen durch den Verlag als Erwartungserwartungen respektive adaptive Erwartungen kann wiederum selbstverstärkende Entscheidungsfolgen nach sich ziehen.[119]

Das Programm im Sinne eines klassischen Produktportfolios erscheint, im Kontrast zu den Portfolien einiger anderer Branchen, auf den ersten Blick vergleichsweise dynamisch. Das Portfolio hat wenig technische Verschränkungen mit dem für verschiedene Verlagsprodukte durch recht hohe Kongruenz gekennzeichneten (physischen) Produktionsprozess und Veränderungen des Portfolios erzeugen zumeist nur niedrige Transaktionskosten auf der Herstellungsseite relativ zu den Transaktionskosten, die etwa bei einer Veränderung der Herstellung anderer Konsumgüter zu erwarten wären.

Für potentielle Trägheiten in der Programmbildung scheint nicht die Programmbildung an sich, sondern primär wechselseitige Interaktionen dieser mit den programmexternen Strukturen der Organisation ursächlich zu sein. Als der für programmatische Rigidität im Verlag bedeutsamste Typus solcher Strukturen dürfte sich die Ausbildung von ›Kernkompetenzen‹ als organisationale Lerneffekte und die entsprechend angeordnete formale Organisation der Stellenstruktur um dieses am Programm orientierte zeigen. Als

---

119 Zum Buch als Erfahrungsgut und der Marke ›Verlag‹ vgl. Vogel, Anke: Der Buchmarkt als Kommunikationsraum. Eine kritische Analyse aus medienwissenschaftlicher Perspektive. Wiesbaden: VS Verlag 2011, S. 109–111.

entscheidbare Entscheidungsprämisse wird Personal um Programmschwerpunkte aufgebaut und beeinflusst dadurch die weitere Verfestigung dieser Schwerpunkte. In der diachronen Dimension der Programmbildung kann ein solcher rekursiver Zirkel selbstverstärkender Entscheidungen durchaus durch den Verlag angestrebt sein, um mittels klarer Kompetenzmuster positive Effekte bezüglich Konkurrenzsituationen oder Marktpositionen zu erzeugen – bzw. Erwartungserwartungen gegenüber bestimmten Kundengruppen aufzubauen. Gleichzeitig erhöht jedoch die nun durch mehrere Mechanismen (unter anderem Stellenstruktur, organisationales Wissen und kognitive Routinen) gestützte Reproduktion erfolgreicher Entscheidungsmuster die potentiellen ›core rigidities‹, die erhebliche Trägheit gegenüber Veränderungen entwickeln können.[120]

Als Exempel eines eskalierten pfadabhängigen Lock-Ins kann der Verlag Bibliographisches Institut & F. A. Brockhaus gelten, dessen Kernprodukt- und -kompetenz der Enzyklopädie und Nachschlagewerke durch digitale Angebote stark an Marktanteil verlor. Der Versuch einer umfangreichen Umstellung auf ein zusätzliches digitales Angebot der Lexikainhalte erfolgte erst nach erheblichen finanziellen Verlusten im Jahr 2008 und konnte keine nennenswerten Umsätze für die BIFA-Gruppe generieren, die 2010 verkauft wurde und sich inzwischen im Besitz des Cornelsen-Verlages befindet. Das lange Beharren des Verlages auf den tradierten Vertriebskanälen ist ein deutliches Anzeichen für vermutlich pfadabhängige Entscheidungsprozesse, die trotz einem zu nächst umfangreicheren und qualitativ hochwertigeren Produkt (verglichen mit dem digitalen Marktführer Wikipedia) zum Verkauf des Unternehmens und dem Ende des Geschäftsmodells gedruckter Enzyklopädien führten.[121]

Die vorliegende wissenschaftliche Pfadanalyse Holtmanns zum Bertelsmann-Buchklub betrachtet die Entwicklungen bis zur Aufgabe des Geschäftsbereiches durch den Bertelsmann-Konzern zwar vornehmlich nach strategischen Vorgaben und Maßnahmen, zeigt aber deutlich das Auflösungsvermögen eines solchen deskriptiven Ansatzes unter Einbezug systemtheoretischer Grundlagen, wie er sich unter anderem auch für eine verlagshistoriographische Anwendung auf die Entwicklung von Verlagsprogrammen nutzen ließe.

120 Vgl. Wawra, Steffen: Stabilität und Wandel. Zukunft schaffen über neue Pfade? In: Bibliotheken. Innovation aus Tradition. Rolf Griebel zum 65. Geburtstag. Hrsg. von Klaus Ceynowa und Martin Hermann. Berlin: De Gruyter 2014, S. 212.
121 Vgl. Lexika sorgen für sattes Minus. In: boersenblatt.net vom 09.06.2008. URL: https://www. boersenblatt.net/artikel-bibliographisches_institut___f.a._brockhaus.200517.html [03.06.2017].

3.2 Das Programm als Ergebnis organisationaler Steuerung

3.2.1 Der Steuerungsbegriff als Beschreibungskategorie

In Anbetracht der bisherigen Ausführungen über Organisationen als nicht-trivialen und historische Maschinen tritt die Steuerung deutlich als grundsätzlich problematisch hervor – die Möglichkeit der Planbarkeit oder Lenkung organisierter Körperschaften bedingend ist sie ohnehin eine der Kernproblematiken vieler wissenschaftlicher Abbildungen von Organisationen. Steuerung in ihrem herkömmlichen Sinne würde in die systemtheoretische Diktion übertragen bedeuten, dass ein psychisches System in einem sozialen System über festgelegte Mittel eine kalkulierbare Wirkung erzielen könnte, was aufgrund der Diskrepanz zwischen dem nichttrivialen Prozess des Systems und der Logik eines Intervenierenden, der für das autopoietische System Teil der Umwelt darstellt, nicht möglich ist. Steuerung – die empirisch zumindest als stabil vorhandenes Thema festzustellen ist – muss in systemtheoretischen Modellen also unter Beachtung der Bedingungen von strukturdeterminierten Operationen geschichtsabhängiger Systeme, die ihre inneren Zustände selbstreferentiell verändern und so in ihrer Informationsverarbeitung prinzipiell unvorhersehbar sind, gedacht werden.[122]

Steuerung ist mithin nach Luhmann das »Anstreben einer Verringerung der Differenz« oder das Bemühen, die »Differenz zwischen Ziel und Realität zu verringern«. Diese Begriffe scheinen eine Intention in einem systemisch-emergenten Prozess zu implizieren, beziehen sich jedoch nicht auf ein Steuerungssubjekt oder die Spitze der formalen Hierarchie der Organisation. Vielmehr wird das Bemühen oder Anstreben als Attribution in der Kommunikation sozialer Systeme verwendet, wenn diese ihr eigenes oder fremdes Operieren als Beobachtung zweiter Ordnung behandeln und in einem intentionalen Kontext unterscheiden. Sollte sich die Zuschreibung einer Intentionalität auf ein psychisches System beziehen, muss sie aufgrund der systemtheoretischen Annahme prinzipieller Unzugänglichkeit oder Intransparenz aller an der sozialen Kommunikation beteiligten psychischen Systeme ebenfalls Attribution verbleiben. Begriffe wie Motivation, Handlung, Bemühen oder Anstreben sind so in der sozialen Kommunikation stets Zurechnungen, deren Funktion es ist, der Kommunikation eindeutige Bezugspunkte zu verschaffen.[123]

---

122 Vgl. Kasper, Helmut: Die Handhabung des Neuen in organisierten Sozialsystemen. Berlin: Springer-Verlag 1990, S. 388 f.

123 Vgl. Fischer, Jens Henning: Steuerung in Organisationen. Wiesbaden: VS Verlag 2009, S. 57.

Trotz der Charakterisierung der organisationalen Steuerung als ›kommunikative Markierung‹ ist Steuerung nicht substanzlos, sondern eine bestimmte kommunikative Leistung, die an die Operation des Systems anschließt, das System beeinflusst und somit beobachtet werden kann.[124] Wenn das beobachtete System eine Kommunikationssituation als Steuerungssituation definiert und dadurch bestimmten Personen, Gruppen, Organisationen oder sich selbst eine Steuerungsabsicht unterstellt, orientiert sich seine Kommunikation daran und erzeugt eine dieser Definition entsprechende kommunikative Realität:

Da die Definition einer Situation als Steuerungssituation nur in der Form von Kommunikation sozial real wird und Kommunikation von Luhmann als die Einheit der Selektionen Information, Mitteilung und Verstehen definiert wird, kann von einer Steuerungsoperation immer dann gesprochen werden, wenn innerhalb eines sozialen Systems die Mitteilung einer Information – zusammen auch ›Kommunikationsbeitrag‹ genannt – als ein Bemühen um Verringerung einer Differenz [zwischen Ziel und Realität] verstanden wird. Erst wenn und dadurch, dass dieses System sich in seinen Folgeoperationen an der Erwartung eines solchen Bemühens orientiert, erzeugt es die kommunikative Realität, die ein externer Beobachter als Steuerung beschreiben kann.[125]

In dieser Fassung ist nicht jede Entscheidung innerhalb von Organisationen Steuerung, denn dem Erfüllen bestehender Entscheidungsprogramme oder -prämissen wird so keine Steuerungsabsicht zugeschrieben.[126] Nur das Infragestellen der bestehenden Entscheidungsprämissen wird als »Differenzminimierungsbemühen« begriffen, denn nur wenn ein Steuerungsbemühen kommunikativ zugeschrieben wird, kann eine Steuerungssituation festgestellt

---

124 Vgl. Luhmann: Organisation und Entscheidung, S. 403.

125 Fischer: Steuerung in Organisationen, S. 58.

126 Luhmann unterscheidet nach Searls Modell der Sprachakte zwischen den konstativen und performativen Aspekten der Kommunikation. Neben dem konstativen Gehalt, ihrer Sinnverweisung, enthält jede Kommunikation auch eine performative Command-Funktion, die ihre soziale Einordnung enthält. Diese ist keine Leistung eines ›Senders‹, der sich selbst mit Steuerungsbefugnissen ausstattet, und entsteht nur, wenn die doppelte Kontingenz überwunden und die Kommunikation angeschlossen ist. Sie ist demnach auch nur ex post feststellbar. Vgl. Luhmann: Organisation und Entscheidung, S. 142 f.

werden, wodurch sie identifiziert wird, bevor über ihren Erfolg eine Aussage gemacht werden kann.[127]

Einzelne Personen, die Stellen in Organisationen besetzen, sind so doppelt in ihre Entscheidungen eingebunden, denn ihre kognitiven Routinen werden durch Kopplungen mit der im System gebildeten kommunikativen Realität beeinflusst und ihre Entschlüsse wiederum unter den Bedingungen der sozialen Kommunikation mitgeteilt. Steuerungsabsichten führen in aller Regel, da jede Organisation ein Gebilde aus erwartungsleitenden Strukturen ist, zu einem wahrscheinlichen Anschluss, der aus Annahme oder Nichtannahme bestehen kann, aber dabei als Reaktion auf Steuerung markiert ist. Die Systemtheorie betrachtet Steuerung oder Führung nicht als obsolet, sie verschiebt jedoch die Perspektive von einem direkten Durchgriff eines Individuums auf einen wie auch immer kalkulierbaren Mechanismus – für den die geringste Divergenz zwischen ursprünglicher Anweisung und Erfüllung eine Fehlleistung darstellen würde – zu einem heterarchischen und emergenten Prozess, dessen Ergebnis auf den komplexen Zuständen eines sozialen Systems beruht.[128]

3.2.2 Konventionelle Modelle der Steuerung als Legitimation

Dass Entscheidungen ihre spezifische Rationalität in sozialen Kontexten nachträglich zugewiesen bekommen und oft erst dann, wenn ihre Berechtigung in Frage gestellt wird, ist keine neue oder gar revolutionäre Behauptung der Luhmannschen Systemtheorie. Ökonomische Modellentwürfe und empirische Untersuchungen, die nachzuweisen suchen, dass Präferenzen, Ziele und Präferenzordnungen – also die Konstituenten einer rationalen Regelfindung – für Entscheidungen nicht etwa vor und unabhängig von einer solchen Entscheidung existieren, sondern erst durch diese Entscheidungen etabliert werden, finden sich etwa bei James M. Buchanan oder Jaques Derrida.[129] Dieser Sicht auf die präskriptive Regelgebundenheit von (Steuerungs-)Entscheidungen zum Trotz kommt – mit Hinblick auf die in der Praxis zumindest nominell angewandten Idealvorstellungen von ›best practice‹ – Konzepten der Zweck/Mittel-Rationalität in hierarchischen Steuerungsmodellen sowie einem Verständnis der Organisation als unmittelbar

---

127 Vgl. Luhmann: Organisation und Entscheidung, S. 59.
128 Vgl. Simon: Einführung in die systemische Organisationstheorie, S. 108 f.
129 Vgl. Ortmann, Günther: Zur Theorie der Unternehmung. Sozio-ökonomische Bausteine. In: Die Ökonomie der Organisation – die Organisation der Ökonomie. Hrsg. von Martin Endreß und Thomas Matys. Wiesbaden: VS Verlag 2010, S. 230.

zu steuernde Einheit weiterhin eine zentrale Rolle zu. Die in Organisationen eventuell aufkommenden ›Abweichungen‹ von der durch die Steuerung ursprünglich kommunizierten Zielsetzung werden dabei zumeist als reine Informationsinsuffizienzen behandelt, was dahin führt, dass Steuerung zumeist als natürlich gegeben gilt, so dass in einem der erfolgreichsten deutschsprachigen Überblickswerke zum strategischen Management unter dem Begriff Steuerung nur ein einzelner Satz aufzufinden ist:

Durch das Setzen von Zielen wird versucht, Geschäftsaktivitäten in erwünschte Bahnen zu leiten. Für diese Steuerung sind – je nach Komplexität des Geschäfts – eine Vielzahl von Informationen notwendig, die im Rahmen der Performance-Messung ermittelt werden.[130]

Ein wesentlich größerer Fokus liegt in jenem Band dagegen auf dem Begriff der Kontrolle, der Ex-post-Messung für Erfolg von Steuerung, was wiederum aus einer systemtheoretischen Sichtweise auf ein soziales System, welches sich evolutionär ausbildet, nicht überrascht, denn hier liegt der größere Bedarf an Legitimation für die Führung, da die Annahme von Steuerungsprozessen bereits durch die formale Struktur der Organisation und den Einsatz der ihr zur Verfügung stehenden Kommunikationsmedien (Geld, Macht etc. s. Kap. 2.1) wahrscheinlich ist.

Das System lebt von Selbstüberschätzung, ja oft von Fiktionen, die sich als nützlich erweisen und deshalb, in ihrer Herkunft unkontrollierbar, transportiert werden – etwa der Fiktion, dass der Sachverständige kompetent war, dass die Kundenberatung durch Firmen eine ausreichende Entscheidungsgrundlage bietet oder dass Konsens erreicht war, wenn einer Entscheidung zugestimmt wurde.[131]

Für eine deskriptive Darstellung der Rolle, die der Steuerung in Verlagen und auch in der Bildung des Verlagsprogrammes zukommt, ist es deshalb auch von Bedeutung, die Steuerung nach den Maßgaben der ihr angedachten Funktion als Legitimation für Entscheidungen und Entscheidungen über Entscheidungen und damit als ›Sensemaking‹ zu betrachten. Das in

---

130 Müller-Stewens, Günter/Lechner, Christoph: Strategisches Management. Wie strategische Initiativen zum Wandel führen. 4. Aufl. Stuttgart: Schäffer-Poeschel 2011, S. 584.

131 Luhmann: Organisation und Entscheidung, S. 189.

gewisser Hinsicht als Narrativ auftretende rationale Management schafft Positionen, um Verantwortungen zu bündeln und damit Unsicherheit zu absorbieren. Es erlaubt eine weitere Entfaltung des Entscheidungsparadoxes und reduziert so die Kontingenz und Komplexität der Operationen der Organisation. Gleichzeitig entsteht in Organisationen neben der exponierten Rationalitätsvermutung des Managements auch eine mehr als Kontextsteuerung wirkende Setzung von Differenzen, die thematisierbare Zwecke der Organisation erzeugt:

Wenn man den Begriff der Steuerung beibehalten will, kann man ihn deshalb nicht auf Systeme beziehen, sondern nur auf spezifische Differenzen. Zwecksetzung heißt ja: eine Differenz einzuführen im Verhältnis zu dem, was andernfalls der Fall sein würde. Das dies (mehr oder weniger erfolgreich) möglich ist, wird niemand bestreiten wollen. Andernfalls gäbe es schon längst keine Zwecke mehr, die Evolution hätte sie längst eliminiert.[132]

Hinsichtlich einer deskriptiven Analyse von Organisationen muss jedoch festgehalten werden, dass zwischen der strukturdeterminierten Geschichtlichkeit der Organisation – wie sie in Kap. 3.1 thematisiert wurde – und ihrer prozessdeterminierten Steuerung nur ein konzeptioneller Unterschied bestehen kann, da Abläufe in realer Untersuchung nie vollständig aus einer synchronen oder diachronen Perspektive beobachtet werden können und beide Aspekte in jeder Operation der Organisation reproduziert werden.

3.2.3 Strategisches Management

Das strategische Management ist eine Unterdisziplin der Wirtschaftswissenschaften bzw. der Betriebswirtschaftslehre, die sich mit der Planung, Durchführung und Kontrolle von Unternehmensführung befasst. Die Ausrichtung auf die strategische Führung umfasst dabei die zumeist längerfristige Festlegung der Geschäftsfelder, die Positionierung gegenüber Wettbewerbern sowie die Steuerung der Kompetenzbasis des Unternehmens.[133] Als eklektischer Sammelbegriff nimmt das strategische Management keinen Bezug auf einen klar definierten theoretischen Kanon. Die Forschungsansätze, auf die sich das strategische Management als Ursprünge der Disziplin

---

132 Luhmann: Organisation und Entscheidung, S. 403.
133 Vgl. Holtmann: Pfadabhängigkeit strategischer Entscheidungen, S. 23.

stützt, sind jedoch in ihren Aussagen beinahe ausschließlich auf neoklassische Grundannahmen wie die Optimierungslogik der Entscheidung oder Rational-Choice-Modelle gegründet.[134] Als gemeinsame Merkmale des Gegenstandes aller Ansätze des strategischen Managements definiert Harald Hungenberg:

Als strategisch gelten solche Entscheidungen des Managements, die die grundsätzliche Richtung der Unternehmensentwicklung bestimmen oder maßgeblich beeinflussen. [...] Ziel strategischer Entscheidungen ist es, den langfristigen Erfolg eines Unternehmens zu sichern. [...] Strategische Entscheidungen versuchen, den zukünftigen Erfolg zu sichern, indem sie die externe und interne Ausrichtung des Unternehmens bestimmen.[135]

Im Kern des strategischen Managements befindet sich somit ein Adaptionsproblem, welches sich als Frage nach der effizientesten Ausrichtung des Unternehmens nach internen oder externen Faktoren und den benötigten Prozessen zur Anpassung an diese ausbildet. Die übliche Einteilung inhaltsorientierter präskriptiv-strategischer Ansätze (strategic content), welche die Identifikation von Erfolgsfaktoren in den Mittelpunkt der Theorieanlage stellen, unterscheidet zwischen *Outside-In-* und *Inside-Out* Modellen, denen jeweils eine unterschiedliche historische Entwicklung zugrundeliegt, die aber beide als ›conventional wisdom‹ sowohl in wissenschaftlichen als auch den praktischen Kontexten der Unternehmenssteuerung oder -beratung breite Anwendungen finden.[136]

Die Ansätze der *Outside-In*-Perspektive – auch Market-based-View genannt – verordnen die Erfolgsfaktoren der Unternehmensstrategien in der Adaption des Unternehmens an die Umwelt des Marktes. Wettbewerbsvorteile sollen durch die Anpassung des strategischen Verhaltens von Unternehmen an die gegebenen Branchenstrukturen und Erwartungen von Marktteilnehmern, den Anbietern oder Nachfragern des handelnden Akteurs, erzielt werden. Die Parameter der Marktbeurteilung sind dabei die Marktstruktur (Anzahl und Größe der anbietenden und nachfragenden Unternehmen, Grad der Produktdifferenzierung), das Marktverhalten (Preissetzung, Pro-

134 Vgl. Müller-Stewens/Lechner: Strategisches Management, S.9–11.
135 Hungenberg: Strategisches Management in Unternehmen, S.4.
136 Vgl. Müller-Stewens/Lechner: Strategisches Management, S.12–14.

duktstrategien) und das Marktergebnis (Profitabilität des Marktes). Aus diesen werden mögliche Chancen und Bedrohungen abgeleitet, auf welchen die strategische Ausrichtung der Unternehmenssteuerung aufsetzt. Der Erfolg des einzelnen Unternehmens ist direkt von seiner relativen Positionierung in seiner Branche abhängig, die mittels der strategischen Instrumente der Kostenführerschaft oder Produktdifferenzierung verbessert werden kann.[137]

Inside-Out Ansätze, die insbesondere aus der Kritik an den als reaktiv empfundenen marktbasierten Konzepten entstanden sind, werden je nach betrachtetem Unternehmenstypus bzw. gewähltem Begriffsapparat als Resource-based-View, Competence-based-View oder Knowledge-based-View bezeichnet. Sie verorten die zentrale strategische Aufgabe der Unternehmensführung darin, den Aufbau und die Weiterentwicklung von unternehmenseigenen Ressourcen oder Assets, die als Speicher spezifischer Stärken definiert werden, zu fördern. Neben greifbaren Ressourcen (physischen Güterbestände) und nicht greifbaren Ressourcen (immaterielle Vermögensbestände, Image) wird auch das ›Humankapital‹ (Kompetenzen, Know-how) unter die effizienzsteigernden Leistungspotentiale eines Unternehmens subsumiert. Durch das Führungspotential – die Effizienz des inneren Aufbaus eines Unternehmens in Planung, Kontrolle, Information und Unternehmenskultur – besteht die Aufgabe der Steuerung darin, die sich aus den Leistungspotentialen ergebenden, unternehmensspezifischen Wettbewerbsvorteile zu gestalten.[138]

3.2.4 Strategisches Management in deskriptiver Perspektive

Für eine systemtheoretische Einordnung der als strategische Steuerung markierten Kommunikation einer Organisation weist Jan-Peter Vos auf die Rolle strategischer Planung als grundsätzlich selbstreferentielle Beschreibungen des Adaptionsproblems hin. Da die obig dargestellten Varianten strategischer Konzepte sich als Beschreibung der Umwelt oder als Beschreibung der Organisation selbst fassen, verdecken sie das für jede Unterscheidung unumgängliche re-entry der System/Umwelt-Differenz (s. Kap. 2). Die Trennung von Inside-Out- und Outside-In-Ansätzen ignoriert dabei die operative Geschlossenheit des Systems in der selbstreferentiellen Konstruktion der Umwelt – die nicht unabhängig von den operativen Bedingungen der Organisation selbst beobachtet werden kann. Beide beschriebenen Ansätze des

---

137 Vgl. Bea, Franz X./Haas, Jürgen: Strategisches Management. 6. Aufl. Konstanz: UVK 2013, S. 29 f.
138 Vgl. ebd., S. 31 f.

strategischen Managements resultieren konzeptionell in einem paradoxen Reduktionismus.[139]

Der Kern des Outside-In Ansatzes findet sich in der Aussage, das Marktverhalten und Marktstruktur als Optimierungsparameter empirisch und objektiv zu erfassen seien und Marktteilnehmer zur Differenzierung von Wettbewerbern eine Wahl zwischen Kostenführerschaft oder Produktdifferenzierung treffen sollten.[140] Wenn jedoch eine binäre Entscheidung nach objektiv zugänglichen Parametern zur Differenzierung führen soll, hindert nichts alle Marktteilnehmer daran, dieselben Entscheidungen zu treffen. Die Differenzierungsstrategie des Market-based-View würde also zur paradoxen Differenzierung von Wettbewerbern durch Angleichung an dieselben Wettbewerber führen.[141]

Ebenso weisen Inside-Out-Ansätze ungeklärte Paradoxien auf, entstehend in der Kritik an den Maßgaben der Outside-In-Konzepte, die gemäß dieses Ansatzes in dynamischen Märkten lediglich kurzfristige Wettbewerbsvorteile erzeugten. Anstelle der Bedingungen des Marktes sollen daher die Bedingungen der Organisation und ihrer Kernkompetenzen/Ressourcen die strategischen Entscheidungen des Unternehmens informieren, um längerfristige, nicht an die dynamischen und unvorhersehbaren Bedingungen der Nachfrager auf dem Markt gebundene Wettbewerbsvorteile für das Unternehmen zu generieren. Um die eigenen Kompetenzen zu qualifizieren, legt der Resource-based-View jedoch die Nutzenstiftung der jeweiligen Fähigkeit für den Kunden zugrunde, was impliziert, dass das Unternehmen eine virtuelle Kundenperspektive einnehmen muss, um sich selbst zu beobachten.[142] Folglich ist es dem Unternehmen nur dann möglich, Strategien ›inside-out‹ zu definieren, wenn es sich von ›Außen‹ betrachtet und dabei paradoxerweise den Versuch unternimmt, die Kundenabhängigkeit der Strategieformulierung zu reduzieren, indem die Kundenabhängigkeit der Strategieformulierung gesteigert wird.[143]

Das grundsätzliche Ausblenden von zirkulärer Referenzialität dieser weit verbreiteten strategischen Modelle führt in einer deskriptiven systemtheo-

---

139 Vgl. Vos: Strategic Management from a Systems-Theoretical Perspective, S. 366.

140 Nach Micheal Porter, dem Begründer des Market-based-View, ist eine Mischstrategie von Kostenführerschaft und Produktdifferenzierung als ›stuck-in-the-middle‹ unbedingt zu vermeiden. Vgl. Bea/Haas: Strategisches Management, S. 29 f.

141 Vgl. Vos: Strategic Management from a Systems-Theoretical Perspective, S. 366.

142 Vgl. Bea/Haas: Strategisches Management, S. 32.

143 Vgl. Vos: Strategic Management from a Systems-Theoretical Perspective, S. 367.

retischen Analyse auf die fundamental paradoxe Kommunikation aller Entscheidung zurück und zeigt die Funktion strategischer Begründungen als Verdeckung dieser. Damit soll keine Aussage über ihre Validität als wissenschaftliche Modelle der Betriebswirtschaft in präskriptiven Kontexten getroffen sein. Es muss lediglich in einem systemtheoretischen Organisationsmodell die Frage der Funktion strategischer Adaptionskonzepte geklärt werden, die sich evolutionär bewährt haben und in Unternehmen zumindest als ›Sensemaking‹ vorzufinden sind.

Jan-Peter Vos sieht in der Limitierung des organisationalen Wissens die Notwendigkeit das Adaptionsproblem in einer überkomplexen Umwelt auf solch inhärent tautologisch-zirkulär angelegte Narrative des ›Sensemaking‹ zu verschieben. Dabei ist es für die Organisation nicht unmöglich, funktionales Wissen über sich selbst, respektive über ihre operative Umweltkonstruktion zu erlangen. Dieses Wissen ist lediglich von hoher Kontingenz ausgezeichnet und bedarf einer Legitimation, um als systeminterne Realität anerkannt und als stabile Basis der Operation verwendet werden zu können. Denn im Prozess der Feststellung von Systemidentität, um die Bedingungen für strategische Entscheidungen festzulegen, muss das System bereits eine Grenze zwischen dem ziehen, was es ist und dem was es nicht ist (seiner Umwelt) und ist letztlich mit der Konsequenz konfrontiert, dass es diese Umwelt in eigener Operation konstruiert:

> *While the system distinguishes itself from the environment it finds out that its enviroment is an internal construction. As a consequence, the system does not import information from the environment but self-produces information about the environment. [...] As such, during self-observation, making sense of the environment involves »asymmetrising« the tautology that the environment is what it is. Likewise, due to the self-reference involved in self-observation, the system needs to »asymmetrise« itself in order to produce information about itself.*[144]

Zurückgeführt auf die besprochenen strategischen Ansätze bedeutet dies, dass ein System entweder ausblendet, dass ›es selbst ist, was es ist‹, oder dass ›die Umwelt das ist, was sie ist‹. Dieses notwendige re-entry der Systemidentität in die Festlegung der Systemidentität und die Umweltkonstruktion der

---

144 Vos: Strategic Management from a Systems-Theoretical Perspective, S. 372.

Systemoperation versetzt die Organisation ihrer Beobachtung in die Situation, dass eine Seite der Unterscheidung ignoriert werden muss, um die andere Seite zu operationalisieren und Informationen zu generieren, die den Systembestand stützen:

> *Dealing with self-reference thus requires acting naïvely in the sense of acting first and thinking later. Only by being naïve is a social system able to make itself existent or to »temporalise« complexity and in the meantime create its world. [...] The »original sin« of self-referential systems, so to speak, relates to the paradoxical operation of them ignoring their ignorance.* [145]

Die systemtheoretische Analyse des strategischen Managements dient so einer Annäherung an die Frage, wie die Mitglieder einer Organisation die Strategie, ihren Implementierungsprozess und ihren Kontext mit Bedeutung ausfüllen. In der Beobachtung zweiter Ordnung kann die historische Funktionalität oder Dysfunktionalität mit der bestehenden Entscheidungsstruktur der Organisation in Zusammenhang gebracht werden (s. Kap. 3.1). Die Perspektive richtet sich dabei auf die soziale Einbettung strategischer Entscheidung und wie sie innerhalb der kommunikativen Operation des Systems verbreitet wird – respektive wie das System auf ihre Implementierung reagiert. Dabei erlaubt diese differenziertere Position zu beobachten, dass das strategische Management einer Organisation sich zugleich intentional als Setzen einer Differenz auf der Basis von Realitätskonstruktionen und unintentional als Ergebnis eines blinden Fleckes der Beobachtung in den Entscheidungsprämissen und kognitiven Routinen der Organisation ereignet. [146]

3.2.5 Programmbildung und Steuerung

Im Rahmen einer buchwissenschaftlich orientierten Analyse strategischer Entscheidungen sind nach den bisherigen Ausführungen die in Texten der Organisation vorzufindenden strategischen Begründungen, keine umfassend objektiven Zeugnisse der Selbstdarstellung oder Umweltbeobachtung der Organisation. Sie sind vielmehr als Ergebnisse evolutionär ausgebildeter Prozesse der Komplexitätsreduktion anzusehen, die es dem Unternehmen erlauben, hochkontingente Beobachtungen in einem kommensurablen

---

145 Ebd., S. 373 f.
146 Vgl. ebd., S. 379.

Format intern oder an Stakeholder zu vermitteln. Ein systemtheoretisches Modell des Verlages gestattet es, strategische Entscheidungen als wirkmächtige Teile der systeminternen Wirklichkeitskonstruktion zu lesen, ohne die präskriptiven Zweckrationalitäten wirtschaftswissenschaftlicher Modelle als gesetzt anzusehen.

Die Bildung eines Verlagsprogrammes kann als Instrument der strategischen Entscheidung betrachtet werden oder auch als ihr Ergebnis. Als Zweckdifferenz neue Programminhalte aufzunehmen oder an Programmen ausgerichtete Kompetenzen aufzubauen wird in diesen Fällen im Verlag als Zieldefinition kommuniziert. Programmentscheidungen sind jedoch nicht zwangsläufig Gegenstand strategischer Steuerung oder gar Subjekt spezifischer Steuerung und so Ergebnis der bereits etablierten Entscheidungsprogramme. Letzteres wäre etwa bei Aufnahme neuer Titel in bestehende Reihen zutreffend, ein Vorgang der keiner hierarchischen, dezidiert als Steuerung markierten Kommunikation bedürfen sollte.

Strategische Entscheidungen, die sich auf einen Programmaufbau oder -umbau beziehen, sind vor allem dann sichtbar, wenn sie mit nicht unerheblichen Investitionen oder anderen Risiken (s. Kap. 3.3) verbunden sind, die entsprechenden Legitimationsbedarf schaffen. Für solche Vorgänge sind insbesondere Übernahmen von Verlagen durch Wettbewerber oder Imprintgründungen anschauliche Beispiele, da sie meist von mehreren öffentlichen Äußerungen der Verlagsleitungen begleitet werden, die entsprechende strategische Begründungen enthalten. So wurde zum Beispiel der Erwerb des Eichborn-Verlags, der es Bastei-Lübbe erlaubte, glaubhaft eine bisher im Programm nicht repräsentierte anspruchsvollere Literatur in das bis dato eher auf leichte Unterhaltung ausgerichtete Programm zu integrieren, von Hinweisen auf die Kompetenzen Eichborns begleitet. Auch wenn durch die Übernahme die bisherige Organisation Eichborn praktisch vollständig aufgelöst wurde, der Kauf sich lediglich auf den Namen, das Verlagslogo, die Websites, das Warenlager und die Rechte Eichborns bezog und nur sehr wenige Mitarbeiter des Verlages in die neue Organisation übernommen wurden, enthielt die Pressemitteilung Bastei-Lübbes prominent die Aussage, man »freue sich auf den Verlag mit der Fliege.«[147]

---

147 Bastei Lübbe hat Eichborn gekauft. In: boersenblatt.net vom 05.12.2011. URL: https://www. boersenblatt.net/artikel-vertraege_unterzeichnet.464806.html [07.06.2017].

3.3 Das Programm als Ergebnis der Organisationskommunikation

3.3.1 Organisationskommunikation als Unsicherheitsabsorption

Die kausale oder informationelle Öffnung ist für ein System ebenso konstituierend wie seine operative Schließung. Die Pertubation durch die Umwelt ermöglicht es durch neue Beobachtungen und Informationsgenerierung die autopoietische Operation aufrechtzuerhalten. Wie besprochen, bildet sich durch diese kausale Öffnung des Systems eine Reihe von Kopplungen mit Teilen der relevanten Umwelt. Diese Kopplungen erzeugen als Struktur des Systems selektionsbegrenzende Erwartungen sowohl in der Umwelt als auch im System selbst, die wiederum evolutionär durch gegenseitige Beobachtung zweiter und dritter Ordnung zwischen Systemen zu Erwartungserwartungen verfestigt werden. Luhmann setzt für diese rekursive Dependenz von Selektionen auf die in der Umwelt beobachteten Selektionen anderer Systeme den Begriff des Vertrauens, um zu beschreiben, wie es unter den kommunikativen Bedingungen der doppelten Kontingenz dennoch zu systemübergreifenden, hinreichend prognostizierbaren Selektionsfolgen kommt.[148]

Auf Organisationen im Allgemeinen und Verlage als Unternehmen der Wirtschaft im Besonderen bezogen bedeutet dies, dass diese Kopplungen stabilisiert werden müssen, um die Unsicherheit im Umgang mit der Umwelt zu senken. Umwelt umfasst dabei auch die eigenen Mitglieder als Individuen, deren Selektionsräume nicht nur durch steuerbare Prämissen eingegrenzt werden, sondern auch durch unentscheidbare Bedingungen, die sich aus der Geschichte der Organisation ergeben – aus einer mittels ihrer vergangenen Kommunikationen konstruierten Identität oder Kultur des Systems (s. Kap. 2.2). In Märkten geschieht dies nicht nur mit Steuerungsmedien wie Geld, sondern auch über die Veräußerung von Sinnkondensaten, Verdichtungen oder Symbolen, an denen ein jeweiliges System eventuelle Kommunikationen orientieren kann. Die ›Kommunikationspolitik‹ eines Unternehmens versucht die durch die Umwelt jeweils konstruierten Identitäten der Organisation zu beeinflussen, ohne – analog zur organisationalen Steuerung – vollen Zugriff auf die beobachtbaren Operationen zu haben. Die in den Kommunikationswissenschaften untersuchten – und auch in der Buchwissenschaft auf den Verlag bezogenen – Aufgaben von Organisationen dieses Feldes der ›externen‹ Kommunikation – wie PR, Marketing, Image-

---

148 Vgl. Luhmann: Gesellschaft der Gesellschaft, S. 225–227.

Pflege etc. – lassen sich mit der Systemtheorie wiederum auf die Unsicherheitsabsorption der Organisation zurückführen.[149]

3.3.2 Systemidentität als Sinnkondensat

Die Konstitution einer kollektiven Identität als Medium selbstreferentiellen Operierens ist für jedes System, das aus der rekursiven Vernetzung von Beobachtungen besteht, unumgänglich, um als ›Innenseite‹ der System/Umwelt-Differenz in ihrer Unterscheidung, der basalen Einheit der Beobachtung, zu stehen (s. Kap. 2.1). Die Rekursivität der Operation, d.h. die Wiederholung der Selbstbestimmung, führt im Systemgedächtnis zur Kondensierung bestimmter Systemzustände, an denen das System seine Identität aufbaut und sie damit als zeitliche Kontinuität konstruiert. Die Systemidentität wird für jede Operation neu aufgerufen, neu konfirmiert und kann sich so als stabil begreifen, während sie durch die laufende Operation veränderlich bleibt, respektive in Kontextvariationen unterschiedliche Sinnverweise von ›Selbst‹ konstruiert, ohne diese Variation als multiple Identitäten zu behandeln. Identität ist so ein Sinnkondensat des Systems, das sich seiner eigenen Komplexität wegen selbst intransparent ist und sich nie in Gänze beschreiben kann. Mit der sinnhaften Konstruktion von Identität als kontingenter Beschreibung einer Einheit in Differenz zur Umwelt reduziert das System die eigene Komplexität und formt die Basis eines strukturierten Operationszusammenhanges, der Selbstreproduktion ermöglicht.[150]

Das System entwickelt aus seiner Geschichte typische Strukturen, die als nichtakzidentielle Eigenschaften des Systems behandelt werden, und deren Neuaufruf die Selbstthematisierung des Systems befähigt, einen ›variety pool‹ anzulegen. Diese Selbstbeschreibung ist ein Prozess der Vertextung, welcher semantische Artefakte konstruiert, die sich dabei als Produkt und Basis der Selbstreferenz autologisch implizieren, aber dennoch paradox als ›Objektivitätsgarant‹ fungieren, um die systeminhärente Intransparenz zu verdecken. Vertextung schriftlicher oder mündlicher Art dient der Gedächtnisleistung eines Systems, das keine eigene Wahrnehmungsfähigkeit

---

149 Vgl. Preusse, Joachim/Röttger, Ulrike/Schmitt, Jana: Begriffliche Grundlagen und Begründung einer unpraktischen PR-Theorie. In: Organisationskommunikation und Public Relations. Hrsg. von Ansgar Zerfaß et al. Wiesbaden: Springer Fachmedien 2013, S. 121.

150 Vgl. Paetow, Kai: Organisationsidentität. Eine systemtheoretische Analyse der Konstruktion von Identität in der Organisation und ihrer internen wie externen Kommunikation. Diss. phil. Universität Hamburg 2005. In: E-Dissertationen der Universität Hamburg. URL: http://ediss.sub.uni-hamburg.de/volltexte/2005/2413/pdf/Dissertation.pdf [04.05.2017], S. 227–231.

besitzt und diese nur in struktureller Kopplung mit psychischen Systemen nutzen kann.[151] Diese als erinnerte Sinnverweise markierten Selbstbeschreibungen bilden die unentscheidbaren Entscheidungsprämissen der Organisation – ihre Identität – und haben damit auch entscheidenden Anteil an denjenigen Strukturen, die in klassischen Organisationsmodellen oft als ›Organisationskultur‹ bezeichnet werden. Die ›Kultur‹ des Systems – als Vorrat an kommunikativen Schemata und Texten – greift auf Semantik, Symbole, operationsleitende Differenzen und Themen der Kommunikation zurück, um Sinnkondensate zu bilden, die sich einfach in den Kommunikationsprozess aufnehmen lassen, (psychische) Aufmerksamkeit binden und operative Anschlüsse wahrscheinlich werden lassen (s. Kap. 2.2):

Identität ist ein Kulturphänomen, ein kultureller Selbstbeschreibungstext des Systems. Kultur ist für die Organisation ein Fundus an Differenzen, mit denen sich das System alternativ und aus der Perspektive einer Beobachtung zweiter Ordnung beschreiben lässt. Kultur liefert ausreichend ›dritte Werte‹ und damit alternative Selbstbeschreibungsmöglichkeiten zur reflektierten Fixierung der systemischen Einheit, der Einheit, mit der Selbigkeit des Differenten systemisch behauptet wird.[152]

3.3.3 Systemidentität und Image als Medien der Kommunikationspolitik

Die verschiedenen Ausformungen der Kommunikationspolitik lassen sich als Versuch der Organisation fassen, die eigene Identität als Steuerungsmedium auf der Außenseite des Unternehmens in der Form bestimmter Verknüpfungen wettbewerbs- und kommunikationsstrategisch einzusetzen (Medium/Form s. Kap. 2.1). Operativ kann das Unternehmen dabei jedoch nur teilweise über die Innenseite dieser Unterscheidung verfügen, auf der es sich selektiv als Identität entwirft. Diese systemische Bearbeitung der System/Umwelt-Differenz ist ›Identitätsmanagement‹ mit dem Ziel, die Form in der Umwelt des Systems in solcher Weise der Beobachtung auszusetzen, dass externe Beschreibungen der Form des Unternehmens möglichst kongruent mit den intern vorgenommenen Identitätsstilisierungen ausfallen.[153] Auch

---

151 Luhmann bezieht sich hier auf eine Textdefinition, wie sie auch in den Theorien der Intertextualität vorzufinden ist. Der Text gilt ihm als übergreifender Begriff für einen thematisch-funktional orientierten, kohärenten sprachlichen oder sprachlich-figürlichen Komplex, der eine erkennbare kommunikative Funktion erfüllt. Vgl. Luhmann: Organisation und Entscheidung, S. 418.
152 Paetow: Organisationsidentität, S. 279.
153 Vgl. ebd., S. 382.

wenn die Ausformung der Systemidentität im System nicht direkt durch Entscheidungen beeinflusst werden kann, ist die Organisationskommunikation dennoch Thema der (strategischen) Steuerung durch Rahmenvorgaben in Entscheidungsprämissen oder durch Festlegung formaler Struktur wie die Einrichtung von auf interne und externe Organisationskommunikation spezialisierten Stellen im Bereich des Marketings, der PR- oder HR-Abteilungen eines Unternehmens.[154]

Die an die Umwelt gerichtete Organisationskommunikation mediatisiert die Organisation zum Zwecke der Identitätsvermittlung, der kommunikativen Markierung dessen, was die Organisation als Leistungsanbieter und ›Sinnlieferant‹ verspricht. Die internen Sinnzusammenhänge der Organisation werden selektiv angeboten, um das ›Image‹ der Organisation in der Umwelt zu beeinflussen. Öffentlichkeitsarbeit aller Art ist so stets ›Sensemaking‹ im Sinne eines offerierten Narratives von bestimmten Sinnkondensaten, ein »enactment der Organisationsidentität im System/Umwelt-Verhältnis.«[155] Images oder ›Sinn-Bilder‹ der Organisation entstehen dabei kontextabhängig unter Zuhilfenahme unterschiedlicher Kommunikationsinstrumente und werden gegenüber ihren Adressaten als Strukturhomologie zur Organisation angeboten, welche – in sozialen und psychischen Gedächtnissen gespeichert – komplexitäts- und damit kontingenzreduzierend für zukünftige Interaktionen mit der Organisation wirken können. Das Image ist die äußere Erscheinungsform der Identität einer Organisation.[156]

Die Formen des Mediums Image sind vielfältig, ihre Funktionen lassen sich jedoch nach Kay Paetov als »hilfsweise Erzeugung von Wissensbeständen und Perspektiven«[157] zusammenfassen. Sie reduzieren die informationelle Komplexität in der Öffentlichkeit, indem sie Wissen über einen Sinn- oder Objektbezug auf scheinbar wesentliche Charakteristika reduzieren und dadurch Orientierung für und Entlastung von Entscheidungssituationen schaffen. Zudem stellen sie soziale ›Konstruktionsanleitungen‹ für Objekt-

---

154 Mit Organisationsintern und -extern wird hier die Unterscheidung von Mitgliedern und Nicht-
mitgliedern der Organisation bezeichnet. Da die Mitglieder der Organisation selbst auch Umwelt
der Organisation darstellen, aber wesentlich mehr und dichtere Kopplungen mit dem System
unterhalten, ist solch eine Trennung sinnvoll; auch im Hinblick auf die oftmalige Notwendigkeit,
eine besondere Kommunikationspolitik gegenüber Organisationsmitgliedern zu betreiben, und die
sich als Folge dessen ausdifferenzierenden Strukturen in Unternehmen. Vgl. Paetov: Organisationsidentität, S. 389.
155 Ebd., S. 427.
156 Vgl. ebd., S. 426–428.
157 Ebd., S. 429.

bezüge dar, über die ein Informationsmangel herrscht, wodurch die Generierung als vorteilhaft empfundener Images insbesondere in Märkten, die den Bedingungen der Ökonomie der Aufmerksamkeit stärker unterworfen sind, zu den zentralen Aufgaben der externen Kommunikationspolitik zählt.[158]

3.3.4 Vertrauen und Erfolgsmedien in der Kommunikationspolitik

Märkte stehen als Kommunikationsräume neben dem allgemeinen Problem der doppelten Kontingenz jeder Kommunikation auch jenem der Überwindung ihrer eigenen Komplexität gegenüber, zumal Organisationen als Marktakteure mit einem Fokus auf die Antizipation zukünftiger Ereignisse stets neue Unsicherheit und neue Kontingenz erzeugen. Teilnehmer eines Marktes müssen ihre Operationen auf Beobachtungen anderer Systeme aufbauen, die sie erst nach der eigentlichen Operation tätigen können; sie erwarten also bestimmte Ereignisse ebenso wie die Erwartungen anderer Beobachter. Um dieses Verhältnis intersystemischer Erwartungserwartungen auf bestimmte Selektionen in öffentlichen Kommunikationssituationen näher zu fassen, verwendet Luhmann den Begriff des Vertrauens, der im Kontext der Kommunikationspolitik eines Unternehmens als Ziel der Imagebildung und damit als Management kognitiver Erwartungen in der Umwelt im Allgemeinen und bei den Stakeholdern der Organisation im Besonderen steht. Luhmann setzt den Vertrauensbegriff klar vom Alltagsverständnis ab und stellt das Systemvertrauen – welches keine psychologisch-emotionale Bindung, sondern evolutionär stabilisierte Selektionserwartungen darstellt – als Äquivalent zur Reduktion kommunikativer Komplexität in intersystemischen Beziehungen.[159]

Systemvertrauen baut sich auf, wenn bestimmte markierte Leistungszusammenhange von Organisationen kontinuierlich erbracht und dabei mit den sie begleitenden Kommunikationen als kongruent wahrgenommen wer-

---

158 Georg Franks Konzept der Ökonomie der Aufmerksamkeit weist darauf hin, dass marktgerichtete Organisationskommunikation in einem Wettbewerb auf einem von Kommunikationsangeboten gesättigten Feld der Medienkonkurrenz stattfindet und nicht nur als Medium für einen bestehenden Markt fungiert, wodurch ihr auch marktkonstituierende Effekte zukommen. Laut Frank ist die Aufmerksamkeit des öffentlichen Raumes zum Beispiel für die Akteure der Medienmärkte – durch Marktkonzentration und den gesteigerten Einfluss ökonomischer Prinzipien in Folge der engeren kommunikativen Vernetzung und damit Überbelastung der medialen Aufnahmefähigkeit der Öffentlichkeit – zu einer immer stärker verknappten Ressource geworden. Vgl. Frank, Georg: Ökonomie der Aufmerksamkeit. Ein Entwurf. München: Carl Hanser Verlag 1998, S. 50 f.

159 Vgl. Herger, Nikodemus: Organisationskommunikation. Beobachtung und Steuerung eines organisationalen Risikos. Wiesbaden: VS Verlag 2004, S. 26 f.

den. Es entsteht aus stabilen strukturellen Kopplungen, die – häufig in Form von generalisierten Steuerungsmedien – Erwartungen kanalisieren, welche sich in ihrer Referierung wechselseitig bestätigen. Nach Paetov ist ein »wichtiger Faktor der Vertrauensbildung [...] zweifellos die direkte Erfahrbarkeit des Vertrauensobjekts«[160], die jedoch in komplexen und intransparenten Märkten durch Substitute wie Marken, Symbole und legitimatorische Narrative zugänglich gemacht wird.[161]

Diese in den klassischen Modellen der Kommunikationspolitik je nach Funktionskontext und gewähltem Instrumentarium als Public-Relations-Maßnahme, Markenbildung oder – allgemeiner – Marketing auftauchenden Kommunikationsartefakte stellen insgesamt Sinnkondensate dar, die der Umwelt der Organisation angeboten werden, um Vertrauen aufzubauen. Als Medien im Sinne einer geeigneten Zweitform erfüllen sie eine generalisierte Ordnungs- und Koordinationsfunktion im komplexen Markt. Sie bestehen dabei nicht immer in direkten, als extern gerichtet zu erkennenden Äußerungen, sondern enthalten zumeist eine auf Produkte, Eigenschaften oder Leistungen der Organisation gerichtete Zweitcodierung von Werten. Diese sollen als Symbole einer Sinndisposition – etwa dem Mehrwert eines Produktes, der Vertrauenswürdigkeit einer Organisation oder der rationalen Legitimation ihrer Entscheidungen – die Erfolgswahrscheinlichkeit der jeweiligen Interaktion erhöhen.[162]

3.3.5 Programm und Kommunikationspolitik

In einer Übertragung der systemtheoretischen Fassung von organisationaler Kommunikationspolitik bietet es sich an, das Programm als Teil der Systemidentität und damit als eine der primären Quellen des ›Sensemaking‹ einer Organisation sowohl in ihrer internen als auch externen Kommunikationspolitik zu begreifen. Das Verlagsprogramm erlaubt es, die Identität des Verlages anhand seiner zurückliegenden Tätigkeit auf ein leicht vermittelbares und anschlussfähiges Symbol zu reduzieren, was dem Programm sowohl im internen Prozessieren vorliegender Entscheidungen als auch in der Interaktion mit der Umwelt Bedeutung verleiht, die sich nur schwer mit dem auf das Objekthafte beschränkten Begriff der Titelliste vereinbaren lässt. Das

---

160 Paetov: Organisationsidentität, S. 436.

161 Vgl. Luhmann, Niklas: Vertrauen. Ein Mechanismus der Reduktion sozialer Komplexität. 4. Aufl. Stuttgart: UVK 2000, S. 34 f.

162 Vgl. Schindler, Nicolas: Die Rolle der Markenpersönlichkeit für die kommunikative Führung einer Marke. Eine Analyse aus systemtheoretischer Perspektive. Wiesbaden: VS Verlag 2009, S. 64–66.

Programm als Text des Systemgedächtnisses enthält Verknüpfungen zu erinnerten Entscheidungen und damit implizierten innerorganisationalen Werten, die dem Verlag respektive den Organisationsmitgliedern Parameter für die fortlaufende Systemoperation zur Verfügung stellen.

Darüber hinaus kommt dem Programm nicht nur in der Sinnkonstruktion innerhalb der Organisation, sondern auch als Teil der Sinnkonstruktion über die Organisation durch ihre Umwelt eine Rolle zu. Analog zur Bildung der Systemidentität bietet sich das Programm als Thema an, um über den Verlag symbolisch-generalisiert zu kommunizieren. Dabei erlaubt die Fassung des Verlagsprogrammes als konstruierter Aspekt der Identität des Unternehmens die Beziehung zwischen Verlag und seinen externen Kopplungen als rekursives, sich gegenseitig bedingendes Verhältnis darzustellen. Die Organisation versucht, bestimmte externe Images zu generieren und reagiert auf beobachtete Veränderungen solcher Images mit Entscheidungen über ihre eigene Operation, bezieht sich also wiederum auch auf das Programm. Die Beobachtung der relevanten Umwelt der Organisation ist so durch ihre eigene Identität informiert.

4 FAZIT

Den Verlag als organisiertes soziales System zu beschreiben, impliziert auch von seinen historischen, psychischen oder ökonomischen Akzidentien zu abstrahieren und sich auf zentrale Eigenschaften zu beschränken, die das gesellschaftliche Gebilde konstituieren. Wie das paradoxe Schiff des Theseus wird die Organisation nicht durch ihre physikalischen oder psychischen Bestandteile repräsentiert und kann als beobachtbare Differenz auch weiterbestehen, wenn sie diese vermeintlichen Einzelteile austauscht. Die Systemtheorie bietet die notwendige Abstraktionsebene, um eine solche Reduktion vorzunehmen und ist durch ihre intensive und vielfältige Rezeption in diversen wissenschaftlichen Disziplinen mit einem Apparat an spezifischen Erweiterungen ausgestattet worden, die es erlauben, die von Niklas Luhmann entworfene komplexe Theoriearchitektur auch auf in der Buchwissenschaft übliche Fragestellungen anzuwenden.

Systeme sind keine dinglichen Entitäten und entziehen sich in ihrer hohen Varianz jeder Beschreibung als solche, vielmehr sind sie soziale Prozesse, die anhand jener Kommunikationen beobachtet werden können, die ihre Differenz zur Umwelt reproduzieren. Organisationssysteme werden als evolutionäre Errungenschaften moderner, dynamischer Gesellschaften ausgebildet, die ihrer eigenen Komplexität die Ausdifferenzierung ihrer Strukturleistungen und Entscheidungsanfertigung in verdichteten Teilsystemen entgegenstellen. Ihre Autopoiesis reproduziert Entscheidungen und legt Entscheidungen als ihre Struktur fest. Somit ist auch der Verlag hinsichtlich seiner sozialen Emergenz ein Prozess der Anwendung von Entscheidungen auf Entscheidungen, der seine Operation dadurch gegen die Kontingenz der Kommunikation absichert, so dass er die Unsicherheit – jenes Risiko, das jeder Entscheidung beiliegt, wodurch sie keinen Anschluss finden oder zurückgewiesen werden könnte – in seinen formellen und informellen Strukturen absorbiert. Dies kann nur mit Blick auf die Abhängigkeit jeder sozialen Operation von ihrer Sequenz verstanden werden, denn jeder Kommunikation gehen andere voraus, die gemeinsam anschlussfähig sein müssen, um soziale Zusammenhänge zu generieren. So wie jede Kommunikation auf das reagiert, was in ihrem Kontext als ›Ausgangspunkt‹ konstruiert wird – es also als Struktur aufnimmt –, so bilden die erinnerten Ereignisse und Selektionen des sozialen Systems der Organisation die Bedingungen für ihre laufende Entscheidungsoperation.

Um Organisationen in wirtschaftlichen Zusammenhängen abzubilden, werden sie für gewöhnlich mit Intentionen einer Zweckerfüllung ausgestattet, die ihre Handlungen je nach gewähltem Referenzrahmen rationalisieren – bzw. diese Handlungen anhand solcher Rationalitätskriterien bewertbar machen. Auch Verlage beurteilen nach derartigen Kriterien und werden nach ihnen beurteilt. Die Verbindung zwischen der Organisation und ihrer Operation soll einer nachvollziehbaren Rationalität entsprechen aus der – unter anderem – ein nach dem gewählten Bezugshorizont ›sinnvolles‹ Programm aus den Entscheidungen des Verlages entsteht. Die Systemtheorie hinterfragt die soziale Wirkmächtigkeit dieser strikten Verbindung von Rationalität und organisationalem Handeln in einem Schema, das jeder Wirkung eine bestimmte Ursache zuordnet und sie daraus abzuleiten sucht, denn soziale Realität ist konstruierte und selektive Realität, die von jedem Beobachter selbst geleistet werden muss. Somit ist die zugängliche Welt jedes psychischen oder sozialen Systems abhängig von den Bedingungen der Möglichkeit seiner eigenen Konstruktion. Rationalität im Sinne einer objektiven Beurteilung dieser Realität ist dabei, wenn nicht ausgeschlossen, so doch nicht durch Kommunikation auf andere Systeme übertragbar, was ihre Aussagekraft über die sozialen Mechanismen der Organisation, jenseits ihrer Thematisierung als Legitimation bereits getroffener Entscheidungen, stark begrenzt.

Programmbildung in einem Modell der sozialen Emergenz des Verlages ist nach den dargelegten Theoriecharakteristika keine Frage nach den rationalen Entstehungsbedingungen des Verlagsprogrammes, sondern eine Frage nach den Prozessen, die Programmbildung als soziale Hintergrundstrukturen informieren und an ihrer statt beobachtet werden können. Denn das Programm, wie es in sozialer Kommunikation referiert wird, ist nicht auf eine einzelne Bedeutung als Produktportfolio zu reduzieren. Einen ersten

Zugriff auf das Programm als Sinngehalt gibt die Operation der Beobachtung, welche zwischen Medium und Form eine Differenz bildet, um eine Unterscheidung treffen zu können. Das Medium des Sinnes, welches als lose Kopplung der Möglichkeit für den Programmbegriff alle Abhängigkeitsverhältnisse enthält, die durch seine kommunikative Referenz aufgerufen werden können, verdichtet sich in der Selektion der jeweiligen Kommunikation zu situationsabhängigen Formen der Aktualität, die den Anforderungen des momentanen, kommunikativen Settings entsprechen. Der Sinngehalt von ›Programm‹ ist also kein konstanter Begriff, der durch eine einmalige, lexikalische Definition festgelegt werden könnte, sondern wird durch die Selektionen von Alter und Ego in jeder Kommunikation neu zu einem spezifischen Sinnverweis kondensiert. Es ist nicht nötig, alle Veröffentlichungen eines Verlages aufzurufen oder davon auszugehen, dass jeder Beobachter eines Verlages dies täte um das Programm zu bezeichnen.

Die Systemtheorie ermöglicht es, Organisationen auf wenige Grundprinzipien zu reduzieren, von den kontingenten Unterschieden des jeweiligen Phänomens zu abstrahieren und etablierte Begriffe unter elementare Prozesse zu subsumieren. Die Konstruktion des Verlagsprogrammes als Thema und Sinnverweis in der sozialen Operation des Verlages geschieht in vielfältigen Kontexten, die sich anhand eines systemtheoretischen Organisationsmodells nachvollziehen lassen. Diese Beobachterdependenz des in dieser Arbeit als exemplarischer Leitbegriff stehenden Programmes bedeutet, dass für ein systemtheoretisches Modell des Verlages nicht der Wesenskern des Programmes – das ›Was-ist‹ – entscheidend sein kann sondern die Frage nach den Perspektivierungen für eventuelle Anwendungen – das ›Was kann beobachtet werden‹ – ins Zentrum gestellt werden muss. Das vorgestellte Modell ist keine Grundlage der wirtschaftlichen Beurteilung von Verlagen, sondern eine rein deskriptive Darstellung der kommunikativen Verarbeitung so markierter Prozesse.

Die als Beispiele für solche Ansätze aufgeführten Funktionsaspekte des Verlages – in deren Untersuchung man sich potentiell nicht nur der Bildung des Programmes spezifischer Verlage, sondern auch anderen Charakteristika jeweiliger Unternehmen der Verlagsbranche annähern könnte – zeigen die Multivalenz aller organisationalen Operationen auf.

So ist die Entscheidung stets strukturgebunden und läuft in großen Teilen über sozialen Erwartungen und die durch die kognitiven Routinen vorgegebenen Prozesse der Organisation ab, ohne von den – durch die formale Hierarchie der Organisation vorgesehenen – ›Entscheidern‹, die eigenen kognitiven Routinen unterliegen, vollumfänglich getroffen zu werden. Das Konzept der Pfadabhängigkeit greift diese Grundgedanken der Systemtheorie über die Bedeutung der Geschichte eines Unternehmens für seine Gegenwart auf und bietet Ansatzpunkte für Fallstudien im Bereich der Innovationsfähigkeit von Verlagen oder der organisationalen Trägheiten, die gegenüber Änderungen des Programmes respektive der formalen Einrichtung der Organisation entstehen und erlaubt, die Konstellationen von Einflussfaktoren auf Programmbildung zu erklären, die anderweitig in den Unschärfen subjektiver Zuschreibungen verschwänden.

Die Kontrastierung des systemtheoretischen Blickes auf Entscheidungen mit den klassischen Fassungen strategischer Adaption, wie sie in den weitverbreiteten Konzepten des strategischen Managements entstanden sind, zeigt deutlich die Funktion der letzteren als Narrative der Legitimation in den sozialen Prozessen der Organisation. Die Hürden, die Kommunikation und Weltbeobachtung jeweils entgegenstehen, werden ausgeblendet und durch ein erst im Nachhinein konstruiertes Sensemaking ersetzt, das die Unsicherheit der getroffenen Entscheidung gegenüber Mitgliedern, Kunden und Märkten durch die Ausrichtung auf einen Zweck überdeckt. Programme dienen hier nicht alleine als etwas, über das entschieden wird, sie fließen potentiell auf beiden Seiten des Entscheidungsnarratives ein, als Zweck und als Mittel der Steuerung von Organisationen.

Auch die Identität des Verlages wird durch seine Programmentscheidungen geprägt. Sowohl in der Beobachtung der Organisation durch seine externe Umwelt als auch in seiner internen Konstruktion von Eigenwerten wird das Programm als Sinngehalt zurückliegender, gegenwärtiger und zukünftiger Wertbindungen gelesen. Der Verlag legitimiert wiederum seine Entscheidungen durch Verweise auf die Konstanz oder auch den Bruch seiner Identität. Er wirbt aufgrund seines bisherigen Programmes um Vertrauen für seine weitere Tätigkeit, um sowohl die Erwartbarkeit seiner Umweltbeziehungen zu steigern als auch die Intention zu signalisieren, seine Umweltbeziehungen aufrechtzuerhalten. Vertrauensmanagement als Kernaufgabe organisationaler Kommunikation ist in verschiedenen Konzepten der Public Relations, des Marketings oder der Kommunikationspolitik von Unternehmen anzutreffen, wird aber durch eine Einbettung in die Systemtheorie auf die Grundmotive der Komplexitätsreduktion und Unsicherheitsabsorption zurückgeführt und nahtlos in ein übergreifendes Organisationsmodell eingefügt.

Die vorliegende Arbeit versteht sich als Ansatz und Versuch, die Validität der Systemtheorie für Anwendungen in der Buchwissenschaft darzustellen, kann dafür jedoch nur einen Ausblick auf die gesamte Theoriearchitektur geben. So konnte lediglich verkürzt auf die Beziehung der Organisation Verlag mit den Funktionssystemen der Gesellschaft – wie den Systemen der Kunst, des Rechts oder der Massenmedien – eingegangen werden, die ebenfalls Faktoren der Organisationstätigkeit – und damit der Programmbildung – sind und in einem kompletten Modellentwurf eine erheblich prominentere Stellung einnehmen dürften. Fragen nach der Rolle der Autoren, der Sozialisation von Lesern oder medientheoretische Erwägungen dürften zudem weitere Perspektiven auf die facettenreiche Integration des Verlages und seines Programmes in die Sozialstruktur eröffnen. Auch stellen sich Methodenfragen, die im Rahmen dieser Arbeit unbeantwortet bleiben müssen.

Festzuhalten wäre jedoch, dass Programme – sowie über sie kommuniziert wird – soziale Konstrukte sind, deren Zuschreibungen an organisationale Stellen oder durch organisationale Prozesse den Verlag erheblich prägen. Ihre Bildung ist insoweit entkoppelt von subjektiven Schemata der Rationalität, als sie einer emergenten und kollektiven Zuweisung von Sinn an Entscheidungen, Themen und Texte der Organisation entspricht. Der Verlag operiert als heterarchisches und nichttriviales System und seine Beschreibung als ein solches kann der Buchwissenschaft neue Zugänge bieten.

QUELLEN- UND LITERATURVERZEICHNIS

Quellen

Bastei Lübbe hat Eichborn gekauft. In: boersenblatt.net vom 05.12.2011.
URL: https://www.boersenblatt.net/artikel-vertraege_unter-
zeichnet.464806.html [07.06.2017].

Lexika sorgen für sattes Minus. In: boersenblatt.net vom 09.06.2008. URL:
https://www.boersenblatt.net/artikel-bibliographisches_institut___f.a._
brockhaus.200517.html [03.06.2017].

Reclams Sachlexikon des Buches. Hrsg. von Ursula Rautenberg. 2. Aufl.
Stuttgart: Reclam 2003, S. 517 f.

Forschungsliteratur

Arthur, W. Brian: Increasing Returns and Path Dependence in Economics.
Ann Arbor: University of Michigan Press 1994.

Baecker, Dirk: Organisation als System (Suhrkamp Taschenbuch Wissenschaft 1434). Frankfurt a. M.: Suhrkamp 1999.

— Wirtschaftssoziologie (Einsichten. Themen der Soziologie). Bielefeld:
transcript 2006.

— Postheroische Führung. Vom Rechnen mit Komplexität. Wiesbaden:
Springer Fachmedien 2015.

— Organisation und Management (Suhrkamp Taschenbuch Wissenschaft
1614). 4. Aufl. Frankfurt a. M.: Suhrkamp 2016.

Bea, Franz X./Haas, Jürgen: Strategisches Management. 6. Aufl. Konstanz:
UVK 2013.

Bertalanffy, Ludwig v.: Vorläufer und Begründer der Systemtheorie. In:
Systemtheorie. Hrsg. von R. Kurzrock. Berlin: Colloquium 1972, S. 17–27.

Beyer, Jürgen: Pfadabhängigkeit. Über institutionelle Kontinuität,
anfällige Stabilität und fundamentalen Wandel (Schriften aus dem
Max-Planck-Institut für Gesellschaftsforschung Köln 56). Frankfurt:
Campus 2006.

— Pfadabhängigkeit. In: Handbuch Policy-Forschung. Hrsg. von G.
Wenzelburger und R. Zohlnhöfer. Wiesbaden: Springer 2015, S. 149–171.

Bonfadelli, Heinz: Buch, Buchlesen und Buchwissenschaft aus publizistikwissenschaftlicher Perspektive. In: Buchwissenschaft – Medienwissenschaft. Ein Symposium. Hrsg. von Dietrich Kerlen. Wiesbaden: Harrassowitz 2004, S. 91–110.

Brunsson, Nils: The Irrationality of Action and Action Rationality. Decisions, Ideologies and organisational Actions. In: Journal of Management Studies 19 (1982) 1, S. 29–44.

David, Paul A.: Clio and the Economics of QWERTY. In: The American Economic Review 75 (1985) 2, S. 332–337. URL: http://links.jstor.org/sici?sici=0002-8282%2819850505%2975%3A2%3C332%3ACATEOQ%3E2.0.CO%3B2-I [02.04.2017].

Dederichs, Andrea Maria/Felder, Michael Florian: Organisationen und Akteure. Eine organisationssoziologische Skizze. In: Bourdieus Theorie der Praxis. Erklärungskraft – Anwendung – Perspektiven. Hrsg. von Jörg Ebrecht u. Frank Hillebrandt. Wiesbaden: VS Verlag 2002, S. 69–96.

Dievernich, Frank E. P.: Pfadabhängigkeit im Management. Wie Führungsinstrumente zur Entscheidungs- und Innovationsunfähigkeit des Managements beitragen. Stuttgart: Kohlhammer 2007.

Drepper, Thomas: Organisation der Gesellschaft. Gesellschaft und Organisation in der Sys-temtheorie Niklas Luhmanns. Wiesbaden: Westdeutscher Verlag 2003.

Duschek, Stephan: Regelpfade. Wirkmächte des (Miss-)Erfolgs von Organisationen. In: Organisationen regeln. Hrsg. von Stephan Duschek. Wiesbaden: Springer 2012, S. 195–223.

Fischer, Jens Henning: Steuerung in Organisationen. Wiesbaden: VS Verlag 2009.

Frank, Georg: Ökonomie der Aufmerksamkeit. Ein Entwurf. München: Carl Hanser Verlag 1998.

Fuchs, Peter: Die Theorie der Systemtheorie – erkenntnistheoretisch. In: Soziologischer Funktionalismus. Zur Methodologie einer Theorietradition. Hrsg. von Jens Jetzkowitz und Carsten Stark. Wiesbaden: VS Verlag 2003, S. 205–218.

— Soziale Systeme, Systemtheorie. Was leisten Hochabstraktionen? In: Soziologische Basics. Hrsg. von A. Scherr. Wiesbaden: Springer 2016. DOI: 10.1007/978-3-658-11928-7_28 [03.03.2017].

Herger, Nikodemus: Organisationskommunikation. Beobachtung und Steuerung eines organisationalen Risikos. Wiesbaden: VS Verlag 2004.

Herger, Nikodemus: Vertrauen und Organisationskommunikation. Identität – Marke – Image – Reputation. Wiesbaden: VS Verlag 2006.

Holtmann, Jan Philip: Pfadabhängigkeit strategischer Entscheidungen. Eine Fallstudie am Beispiel des Bertelsmann Buchclubs Deutschland. Köln: Kölner Wissenschaftsverlag 2008.

Hungenberg, Harald: Strategisches Management in Unternehmen. Ziele – Prozesse – Verfahren. 8. Aufl. Wiesbaden: Gabler 2014.

Jäger, Georg: Keine Kulturtheorie ohne Geldtheorie. Grundlegung einer Theorie des Buchverlags. In: IASLonline. URL: http://www.iasl.uni-muenchen.de/discuss/lisforen/jaeger_buchverlag.pdf [16.04.2017].

Kasper, Helmut: Die Handhabung des Neuen in organisierten Sozialsystemen. Berlin: Springer-Verlag 1990.

Kasprik, Rainald: Rationale Unternehmens- und Marketingplanung. Strategische, operative und taktische Entscheidung. Heidelberg: Physica-Verlag 2002.

Keiderling, Thomas: Wie viel Systemtheorie braucht die Buchwissenschaft? In: IASLonline. URL: http://www.iasl.uni-muenchen.de/discuss/lisforen/Keiderling_Systemtheorie.pdf [20.05.2017].

Kieser, Alfred/Ebers, Mark (Hrsg.): Organisationstheorien. 6. Aufl. Stuttgart: Kohlhammer 2006.

Knudsen, Morten: Displacing the Paradox of Decision making. The management of contingency in the modernization of a Danish county. In: Niklas Luhmann and Organization Studies (Advances in Organization Studies 14). Hrsg. von David Seidl und Kai Helge Becker. Kopenhagen: Liber & Copenhagen Business School Press 2005, S. 107–126.

Kuhn, Axel: Überlegungen zu einer systemtheoretischen Perspektive des Kulturbegriffs in der Verlagshistoriographie. In: Verlagsgeschichtsschreibung. Modelle und Archivfunde. Hrsg. von Ute Schneider, und Corinna Norrick. Wiesbaden: Harrassowitz 2012, S. 113–135.

Luhmann, Niklas: Vertrauen. Ein Mechanismus der Reduktion sozialer Komplexität. 4. Aufl. Stuttgart: UVK 2000.

— Soziologische Aufklärung 5. Konstruktivistische Perspektiven. 3. Aufl. Wiesbaden: Springer VS 2005.

— Organisation und Entscheidung. 2. Aufl. Wiesbaden: VS Verlag 2006.

— Einführung in die Systemtheorie. 6. Aufl. Heidelberg: Carl Auer 2011.

— Soziale Systeme (Suhrkamp Taschenbuch Wissenschaft 666). 17. Aufl. Frankfurt a. M.: Suhrkamp 2012.

— Macht im System (Suhrkamp Taschenbuch Wissenschaft 2089). Berlin: Suhrkamp 2013.

— Die Wirtschaft der Gesellschaft (Suhrkamp Taschenbuch 1152). 7. Aufl. Frankfurt a. M.: Suhrkamp 2015.

Müller-Stewens, Günter/Lechner, Christoph: Strategisches Management. Wie strategische Initiativen zum Wandel führen. 4. Aufl. Stuttgart: Schäffer-Poeschel 2011.

Opielka, Michael: Gemeinschaft in Gesellschaft. Soziologie nach Hegel und Parsons. Wiesbaden: VS Verlag 2007.

Ortmann, Günther: Zur Theorie der Unternehmung. Sozio-ökonomische Bausteine. In: Die Ökonomie der Organisation – die Organisation der Ökonomie. Hrsg. von Martin Endreß und Thomas Matys. Wiesbaden: VS Verlag 2010, S. 225–304.

Paetow, Kai: Organisationsidentität. Eine systemtheoretische Analyse der Konstruktion von Identität in der Organisation und ihrer internen wie externen Kommunikation. Diss. phil. Universität Hamburg 2005. In: E-Dissertationen der Universität Hamburg. URL: http://ediss.sub.uni-hamburg.de/volltexte/2005/2413/pdf/Dissertation.pdf [04.05.2017].

Preusse, Joachim/Röttger, Ulrike/Schmitt, Jana: Begriffliche Grundlagen und Begründung einer unpraktischen PR-Theorie. In: Organisationskommunikation und Public Relations. Hrsg. von Ansgar Zerfaß et al. Wiesbaden: Springer Fachmedien 2013, S. 117–141.

Preusse, Joachim/Röttger, Ulrike: Steuerungstheorie und PR-Forschung. Verknüpfungsmög-lichkeiten und Forschungsbedarf. In: Strategische Kommunikation. Hrsg. von Ulrike Röttger et al. Wiesbaden: Springer Fachmedien 2013, S. 127–148.

Saxer, Ulrich: Buchwissenschaft als Medienwissenschaft. In: Buchwissenschaft in Deutschland. Ein Handbuch. Hrsg. von Ursula Rautenberg. Berlin: De Gruyter 2013, S. 65–104.

Schulte-Zurhausen, Manfred: Organisation. 6. Aufl. München: Franz Vahlen 2014.

Schneider, Wolfgang Ludwig: »Rationalität« in Luhmanns Systemtheorie. In: Die Rationalität des Sozialen. Hrsg. von A. Maurer und U. Schimank. Wiesbaden: Springer 2011, S. 65–87. DOI: 10.1007/978-3-531-94118-9_4 [27.02.2017].

Schreyögg, Georg/Geiger, Daniel: Organisation. Grundlagen moderner Organisationsgestaltung. Mit Fallstudien. 6. Aufl. Wiesbaden: Springer-Gabler 2016.

Seibel, Benjamin: Cybernetic Government. Informationstechnologie und Regierungsrationalität von 1943–1970. Wiesbaden: Springer Fachmedien 2016.

Simon, Fritz B.: Einführung in die systemische Organisationstheorie. 5. Aufl. Heidelberg: Carl-Auer 2015.

Simon, Herbert A. und March, James G.: Organization. 2. Aufl. Hoboken: Wiley-Blackwell 1993.

Sydow, Jörg: Organisationale Pfade. Wie Geschichte zwischen Organisationen Bedeutung erlangt. In: Die Ökonomie der Organisation – die Organisation der Ökonomie. Hrsg. von Martin Endreß und Thomas Matys. Wiesbaden: VS Verlag 2010, S. 15–32.

Sydow, Jörg/Schreyögg, Georg/Koch, Jochen: Organizational Path Dependence. Opening the Black Box. In: Academy of Management Review 34 (2009) 4, S. 689–709.

Unseld, Siegfried: Der Autor und sein Verleger. Frankfurt a. M.: Suhrkamp 1985.

Villányi, Dirk: Soziologische Systemtheorie. In: Soziologische Paradigmen nach Talcott Parsons. Eine Einführung. Hrsg. von Dietmar Brock. Wiesbaden: VS Verlag 2009, S. 337–397.

Vogel, Anke: Der Buchmarkt als Kommunikationsraum. Eine kritische Analyse aus medien-wissenschaftlicher Perspektive. Wiesbaden: VS Verlag 2011.

Vos, Jan-Peter: Strategic Management from a Systems-Theoretical Perspective. In: Niklas Luhmann and Organization Studies (Advances in Organization Studies 14). Hrsg. von David Seidl und Kai Helge Becker. Kopenhagen: Liber & Copenhagen Business School Press 2005, S. 365–385.

Wawra, Steffen: Stabilität und Wandel. Zukunft schaffen über neue Pfade? In: Bibliotheken. Innovation aus Tradition. Rolf Griebel zum 65. Geburtstag. Hrsg. von Klaus Ceynowa und Martin Hermann. Berlin: De Gruyter 2014, S. 207–225.

Willke, Helmut: Komplexität als Formprinzip. In: Schlüsselwerke der Systemtheorie. Hrsg. von Dirk Baecker. Wiesbaden: Verlag für Sozialwissenschaften 2005, S. 437–454.

1 Kristina Auer D-Manga. Der japanische Comic und seine deutsche Adaption. 2013. 142 S. 978-3-656-45418-2. **2 Charlotte Kempf** Antikenrezeption vor dem Hintergrund des Medienwechsels im 15. Jahrhundert. 2013. 52 S. 978-3-656-45098-6. **3 Katharina Liehr** Gemeinschaftliche Lektüre im Social Web. Untersuchungen zum Potenzial von Online-Leserunden für die Buchbranche. 2013. 212 S. 978-3-656-45080-1. **4 Svenja Lüll** Schreibschrift oder »Druckschrift«? Welche Schrift soll die Schule lehren? 2013. 56 S. 978-3-656-45076-4. **5 Julia Schaer** Die imaginäre Bibliothek in der Jugendliteratur. Wie die aktuellen Richtlinien realer Bibliotheken in »Harry Potter«, »Die Stadt der träumenden Bücher« und weiteren Werken berücksichtigt werden. 2013. 52 S. 978-3-656-45414-4. **6 Marisara Stecher** Das Buch im transmedialen Franchise. Transmedia Storytelling als Chance für Verlage. 2013. 56 S. 978-3-656-45090-0. **7 Verena Tesar** Online-Verleihmodelle. Wie Bibliotheken und andere Anbieter E-Books über das Internet verleihen können. 2013. 58 S. 978-3-656-45096-2. **8 Jessica Upmeier** Enhanced E-Books – ein neuer Produkttyp auf dem Buchmarkt. Vor- und Nachteile von EPUB 3 zur Umsetzung von Enhanced E-Books. 2013. 56 S. 978-3-656-45157-0. **9 Sarah Lisa Wierich** Typografie im Nationalsozialismus. Instrumentalisierung oder Zeiterscheinung? 2013. 68 S. 978-3-656-45092-4. **10 Elisabeth Windfelder** Das Buch als Werbemittel. Eine Analyse am Beispiel der McDonald's Kooperation 2012/13. 2014. 52 S. 978-3-656-58506-0. **11 Vanessa Roth** Annäherung an eine Ökobilanz von E-Books. 2014. 52 S. 978-3-656-58512-1. **12 Maike Söhner** Money Matters. Alternative Finanzierungsmethoden in der Buchbranche. 2014. 68 S. 978-3-656-58514-5. **13 Heidi Vetter** Alternate Reality Games als Marketinginstrument im Jugendbuchmarkt. 2014. 56 S. 978-3-656-58516-9. **14 Rebekka Zech** Konventionen in Wissenschaftskulturen. Texterschließende Merkmale wissenschaftlicher Publikationen aus den USA, der UdSSR, der DDR und der BRD. 2015. 92 S. 978-3-945883-00-6. **15 Katharina Laufs** Eigenständige Marktbearbeitung statt Lizenzvergabe? Neue Möglichkeiten für Verlage durch Internationalisierung des E-Book-Geschäfts. 2015. 124 S. 978-3-945883-02-0. **16 Sandra Duschl** Informieren, Inszenieren, Integrieren. Corporate Books als Instrumente nachhaltiger Unternehmenskommunikation. 2015. 104 S. 978-3-945883-04-4. **17 Kristin Lulei** E-Books kaufen, abonnieren, leihen? Eine Analyse auf Basis einer Konsumentenbefragung. 2015. 132 S. 978-3-9455883-06-8. **18 Anna Violetta Lex** Das Buch als Erinnerungsobjekt. 2015. 152 S. 978-3-945883-12-9. **19 Dörthe Fröhlich** Register und digitale Bücher. Problematik, Erstellung und Gebrauchswert. 2015. 51 S. 978-3-945883-15-0. **20 David Richter** Bedeutung und Funktion des Buches in literarischen Dystopien. Exemplarisch anhand George Orwells Nineteen Eighty-Four. 2015. 51 S. 978-3-945883-18-1. **21 Martin Steininger** Die Bedeutung von Kulturgütern in der Konsumgesellschaft. Das Buch als Wirtschaftsgut in der Massenkultur. Eine Standortbestimmung nach Walter Benjamin und Theodor W. Adorno. 2015. 41 S. 978-3-945883-21-1. **22 Angela Huber** Wozu Neuschnitte? Das Beispiel der Optima. 2015. 48 S. 978-3-945883-24-2. **23 Magdalena Schlosser** Leichenpredigten des Barock als Forschungsgegenstand. 2016. 51 S. 978-3-945883-27-3. **24 Felicitas Boos** Systemtheoretische Ansätze in der Buchwissenschaft. Idee, Stand der Diskussion, exemplarische Anwendungsbereiche. 2016. 73 S. 978-3-945883-32-7. **25 Nina Rubach** Open Innovation in der Buchbranche. Ein neues Konzept von Innovationen und sein Niederschlag bei Verlagen und Start-Ups. 2016. 58 S. 978-3-945883-35-8. **26 Charmaine Gamisch** Albatross Books. Ein Pionier des modernen Taschenbuchs. 2016. 84 S. 978-3-945883-38-9. **27 Sabrina Holitzner** Leseförderung in den Niederlanden. Am Beispiel der Stiftungen »Stichting Lezen«, »Stichting Lezen & Schrijven« und »Stichting Collectieve Propaganda van het Nederlandske Boek«. 2016. 113 S. 978-3-945883-39-6. **28 Anna-Carina Blessmann** Kritik an Autorschaft und Literaturbetrieb am Beispiel ausgewählter Episoden der Serie »Die Simpsons«. 2016. 59 S. 978-3-945883-42-6. **29 Jaquelin Kathrin Matthes** Der aktuelle gesellschaftliche Wertekosmos und seine Spiegelung auf dem deutschen Buchmarkt. 2016. 100 S. 978-3-945883-45-7. **30 Sophia Meyer** Bibliotherapie. Eine aktuelle Bestandsaufnahme. 2016. 106 S. 978-3-945883-48-8. **31 Lisa Eckstein** Das ultimative Anti-E-Book? Der Roman S. – Das Schiff des Theseus von J. J. Abrams und Doug Dorst. 2017. 61 S. 978-3-945883-51-8. **32 Annedore Friedrich** Augmented Reality im Kinderbuch. Eine Rezeptionsanalyse von Leyo!, SuperBuch & Co. 2017. 146 S. 978-3-945883-54-9. **33 Emmelie Öden** Rechtsextreme Verlage in Deutschland. Eine aktuelle Bestandsaufnahme. 2017. 80 S. 978-3-945883-57-0. **34 Franziska Steuer** Soziologie 1900–1933. Eine junge Disziplin im Spiegel ihrer Verlage. 2017. 113 S. 978-3-945883-60-0. **35 Josefine Johanna Mohrhard** Slow Reading. Der neue Lesetrend. 2018. 122 S. 978-3-945883-63-1. **36 Kris Lehmann** Modelle der Programmbildung. Ansätze zur Organsiationstheorie des Verlags. 2018. 86 S. 978-3-945883-66-2. **37 Judith Schumacher** Regenbogenfamilien im deutschsprachigen Bilderbuch. Ein Überblick über Angebot und Rezeption. 66 S. 978-3-945883-69-3. **38 Denise Schneider** Das Buch als Heterotopie. Betrachtungen zur sozialen Dimension des Leseprozesses. 2018. 90 S. 978-3-945883-72-3.

INITIALEN